親鸞聖人に学ぶ
新しい老い方

加藤智見
Chiken KATO

法藏館

親鸞聖人に学ぶ　新しい老い方　目次

凡例

一、引用文献、および本文の漢字は、常用体のあるものは、常用体を使用した。

一、引用文献は、以下のように略記する。

『真宗聖典』（東本願寺出版部刊）……………………「聖典」

『定本親鸞聖人全集』（法藏館刊）……………………「定親全」

親鸞聖人に学ぶ　新しい老い方

序章　高齢者の現状

そろそろ探そうか

私は大学を定年退職後、愛知県一宮市の自坊で住職に専念しています。名古屋地方では、月参りのことを「お常飯《じょうはん》」といいますが、月参りを丹念にすることは、ご門徒さんの心とつながることにもなります。最近孤独な老人が非常に多くなりましたから、月参りの際、心を開いて話しますと、現代の高齢者の苦悩をひしひしと感じます。

もう二年ほど前のことになりますが、毎月お参りにうかがう八十五歳の女性宅にお邪魔した折のことです。この女性は、五年ほど前に夫を亡くされ一人住まいですが、明るく気丈に暮らしておられます。ところが、私がお邪魔したその日、とても落ち込んでおられました。聞けば、数日前息子さんがやって来て、これ以上独居生活を続けて何かあったら近所に迷惑をかけるので、「母さん、そろそろ探そうか」といわれたそうです。

若い方にはわからないでしょうが、高齢者はこのような場合、たとえ嘘でもいいから我が子にひと言「僕のところに来ないか」といってもらいたいのです。その女性自身も、いずれ息子さんには世話にならず、夫の残してくれた資金で自分から施設に入るつもりでいたのですが、心の中ではその言葉がほしかったのです。「いったい何のために私は一生懸命子どもを育ててきたのでしょうか。息子も娘もどんどん離れていってしまいます。私の人生、何だったのでしょうか。お先真っ暗ですわ」といって涙ぐまれました。これは今の高齢者の正直な気持ちでしょうし、実際そういう高齢者の方が多くなりました。

しかしその後、幸いにもその女性は、淋しさにめげず気を取り直して、人生について深く考えられるようになりました。月参りにお邪魔するたびに、真剣にいろいろな質問をしてくださるようになりました。孤独に耐えるにはどうすればよいのか。老いることの意味、病気になったらどう対処すればよいのか。死はどんな意味をもつのか、どう死ねばよいのか、死後にはどこに行くのか。このような、人生の根本問題について、真剣に考えられるようになりました。私もなかなかうまく答えられず、むしろ一緒に考えようという姿勢で話し合うようになりました。このような問題を真正面から真剣に考えることによって、この女性はかえって淋しさが紛れ、生きる喜びや生きがいを見つけるようになられました。

孤独になったら友達をたくさん作り、孤独を紛らわせよといわれます。たしかにそれもよいでしょうが、根本的な解決にはならないでしょう。以前新聞に諸富祥彦氏が次のように書いておられたことが思い出されます。「孤独であることを受け入れよ。孤独をごまかし友人づくりに励んでも、人生は空虚なままである」（「中日新聞」二〇一四年四月二五日朝刊）。

毎月この女性とお話しするようになって、初期高齢者である私も、私なりに真剣に高齢者の生き方を考えるようになりました。

誇りを失う高齢者

急激な高齢化は、長生きできる喜びだけではなく、長生きするがゆえの苦しみをもたらすことになりました。その苦しみは長生きする高齢者本人だけではなく、周囲の人々をも巻き込むようになったのです。

まず高齢者本人に関していえば、生産年齢を過ぎた高齢者が長生きすることは、若い人々に大きな負担を強いることになり、大変な迷惑をかけているのではないかという、負い目の意識を増幅させるようになりました。ひと昔前までは、社会の第一線から退いたあと、死に至るまでの時間はそれほど長くはありませんでした。このため若い人からすれば、一生懸命に働いてくれたのだから今のうちに恩返しをし、親孝行をしておこうという気持ちが自然に起きてきました。

また、長年働いてきた人々には、若い人にはない経験や熟練がありました。若い人々も、高齢者が生きているあいだにそれを受け継いでおかねばならないという意識がありました。つまり、高齢者にはそれなりの存在意義があったのです。ですから、どこか威厳があり、生き生きとした表情がありました。女性に例をとってみても、たとえば高齢者にしかできない調理がありました。乏しい食材、質素な食材であっても、長い経験から身に付いた一人ひとりの料理がありました。嫁や娘は、高齢者の一挙手一投足を見つめ、見よう見まねで何度も繰り返し、それを身に付けていったものです。教えながら高齢者は、高齢者にしか味わえない充実感を感じていたように思います。「やっぱり、おばあちゃんにはかなわないわ」という声に包まれ、「長生きしてよかった」と感じておられたようでした。

しかし今では、一線を退いてからの時間がとても長くなり、一線にいたあいだの時間とあまり変わらないということになってしまいました。そのために、社会に貢献できないのに生きながらえているという、一種の引け目を感じなくてはならなくなったのです。おまけに、技術や情報の飛躍的な進歩によって、長年の経験や熟練の蓄積がたいした価値をもたなくなってしまったのです。生活スタイルの変化は、たとえば高齢者の長い時間をかけた煮物料理などもあまり必要としなくなり、聞かれることも教えることも少なくなってしまいました。そのような変化の中で、高齢者は、もう世の中には必要のない者、消えたほうがよい者なのではないか。かえって世の中のお荷物、厄介者になっているのではないか、もはや余計者なのだという疎外感にさいなまれることが多くなってきたのです。

ひと昔前までは、老人は円熟した方、大成した方、風雪に耐えてきた方などと形容され、尊敬される場合が多かったのですが、今では老残・老醜・老廃などという言葉が使われ、嫌老・厭老などという言葉すら目立ってきました。老いていくことに誇りと喜びが伴った時代に比べ、老いていくことに自己嫌悪ややりきれない淋しさ、悲しさが伴ってくるようになりました。もう一度誇りと喜びを取り戻すには、どうすればよいのでしょうか。

延命はありがたいけれど

医療や福祉の進歩は、一面で病者に治療の機会を与え、驚くべき延命の恩恵を与えてくれましたが、他面では病む者の尊厳、主体的な病み方を奪うことにもなりました。最近「老人漂流社会」などという言葉が盛んに使われるようになりました。長生きしすぎたため蓄えもなくなり、家族からも見放され、病院や施設の都合であちこちたらい回しにされても黙ってそれに耐え、なされるがままにされる人が多くなった社会を指していう言葉です。そのような人には、もはや尊厳をもって主体的に病むというような姿勢は残されていません。残念なことです。このような状況では、看護する側とされる側の心の結びつきも弱くなってしまいます。昔、自宅で病む場合には、病む者と看護する者のあいだに、もっと深い結びつきがあったはずです。

五木寛之氏編『完本　うらやましい死に方』には、七十二歳の女性が書いた次のような話が掲載されています。天寿をまっとうし、ごく自然に安らかに死を迎えられた祖母の死に対し、苦しく辛い死に方をされた父親について書かれた文です。

今にして思うのであるが、現在のように、「死なせない医療」が進んでいなかった時代、人々は概ね《おおむ》祖母のような死に方が出来ていたのではないだろうか。医療に足を引っ張られる事なく、差しのべられた神様、仏様の手に素直に抱かれたのではないだろうか。一転して八年前の父の死は、全裸にされた全身に管を付けられたままの、悲惨なものであった。「カミサマ、ワタシハナニモワルイコトヲシテマセン、ドウカコノナワヲトイテクダサイ」。最後の力をふりしぼった筆談メモが手元にある。こちらは今も涙が止まらない。

（五木寛之編『完本　うらやましい死に方』六三頁、文藝春秋、二〇一四年）

今は病む者の懊悩と医師や介護者のあいだに距離がありすぎるのではないでしょうか。認知症にでもなれば、この距離はさらに広がります。認知症の初期段階にいる人の中には、施設などで介護者に対して「あんたが私の財布を盗んだに違いない」とか、「あんたたちは皆泥棒だ」などという人が多いといわれます。そのような患者に対して介護者がほとほと疲れ果て、邪険にしたりすると、さらに「ここは泥棒ばかりだ」「こんなところにいたら一文なしにされる」「殺されてしまう」などといい、凶暴になったり、あるいは自分の世界に閉じこもり、妄想や呻きの状態に入る。やがて施設や病院から、この人は隔離されなければならないと判断され、いよいよ人々から隔絶されることになります。老人虐待も、これに関係なくはありません。このように病む人の実態を知るにつけ、今こそ高齢者の生き方について考え直さねばならないと思えるのです。

「いのち」の意味を見出す

「人間は、自らが死ぬことを知っている唯一の動物である」という言葉がありますが、現代の日本人の多くは、死の事実を知ろうともせず、むしろ知ることを避けているようにも思えます。それならば、現代人は進化どころか退化しつつあるともいえるのではないでしょうか。死の意味を知らないで死んでいくことは、悲惨なことであり、人間らしくないと思えるのです。

禅の曹洞宗の『修証義』は、「生《しょう》を明らめ死を明らむるは仏家《ぶっけ》一大事の因縁なり」の句ではじまっています。禅宗の僧堂では、「生死《しょうじ》事《じ》大《だい》　無常迅速《むじょうじんそく》（生死の問題はきわめて重大、うろうろしていると無常がやってきてしまう）」とし、生死の事実をただちに明らかにせよと策励します。現代人が誇り高き人々であるならば、死から逃げず、真正面から死に向き合い、本当の生死の意味を問わねばならないでしょう。医学的、生物学的な延命にとどまらず、永遠の「いのち」の意味を見出すことこそ、今求められているのではないでしょうか。家族にも、隣人にも見捨てられ、死後どのようなところに赴くかも知らず、あるいは知ろうともせず、孤独感にさいなまれ苦痛に満ちて孤独死する人が多くなっている今こそ、このことが求められているのではないでしょうか。

医療は長足の進歩を遂げ、多くの尊い生命を救ってきました。しかし他面では、器械に取り囲まれた死が増え、個人の意志が希薄になり、主体的な死の美学や信仰によって死を乗り越える意志を貫徹することもあまりできなくなりました。うるわしい自然死も減ってきました。肉体と精神の両面をもつ人間を、治療の対象にできなくなってしまっている面があります。

たとえば、「私は医師として医の倫理や哲学に興味を持ち、僧侶として宗教者の視点でもものごと全体を見てきたつもりです」（『上野千鶴子が聞く　小笠原先生、ひとりで家で死ねますか？』四四～四五頁、朝日新聞出版、二〇一四年）とおっしゃる真宗の僧侶で日本在宅ホスピス協会会長の小笠原文雄氏は、次のように述べておられます。示唆に富む言葉であると考えられます。

いずれにしても、医療者は死の瞬間を迎えるまでいのちを見つめ、生きている人の苦痛を取るように努め、宗教者もいのちを考えながら、生きている人の苦しみを取るよう尽くすことではないでしょうか。

（『上野千鶴子が聞く　小笠原先生、ひとりで家で死ねますか？』一五一頁）

第二の人生観

以上、現代日本の高齢者の現状を概観し、問題点を指摘してきました。その結果、七十年たらずのあいだに三十歳以上も伸びた平均寿命を生きぬくためには、どうしても第二の人生観が必要であると思うにいたりました。ちなみに、日本の男性の平均寿命が五十歳を超えたのは昭和二十二年、ところが平成二十五年には八十歳を超えました。男女平均すると、平成二十七年には八十三・七歳になっています。

人生五十年といわれるような時代には、人生観について考えるのは一度ですみました。働き終えれば、やがて人生は終焉を迎えたからです。しかし今では、働き終えて死を迎えるまでがあまりにも長くなりました。その長い期間を生きる生き方、つまり第二の人生観を五十歳から六十歳ころに新たに構築しておかないと、老いていく悲しさ、長い病との戦い、場合によっては自分を失う認知症、そしていったいいくらかかるかも予測しえない治療費などへの不安に負けてしまいます。さらには家族からも見捨てられ、たった一人で迎える孤独死への恐れ、死後の行く先もわからない絶望感に立ち向かうことはできなくなってしまうかも知れません。

思えば、親鸞聖人は、平均寿命が極端に短かかった鎌倉時代に九十歳まで生きぬかれました。しかも最晩年に至って、貧困のため息子さんの善鸞と娘さんの覚信尼以外の家族を越後に帰して奥様の恵信尼の実家で働かせ、その仕送りによって生活せざるをえなくなったといわれています。しかも一緒におられた善鸞を、やがて義絶（勘当）することになり、嫁がせた覚信尼はのちに寡婦となって戻ってこられました。長生きしたがための不幸に、次々と遭遇されました。

聖人は、高齢者の生き方などの問題に直接言及されたわけではありませんが、みずからの信仰によって高齢を生きぬかれた方です。ですから、聖人の信仰の中に、高齢者の生き方の教えが込められていると考えねばならないでしょう。

老いて体も弱り、病んでベッドに横たわっていると、いかに自分が力のない、存在する意味すらない小さな石ころのように思えてくるでしょう。しかし聖人は、阿弥陀さまの誓いを信じれば、小さな石ころのような自分も救いの光によって金色に輝かせられると述べておられます。

如来《にょらい》の御《おん》ちかいを、ふたごころなく信楽《しんぎょう》すれば、摂取《せっしゅ》のひかりのなかにおさめとられまいらせて、（中略）いし・かわら・つぶてなんどを、よくこがねとなさしめんがごと

し

（『唯信鈔文意』聖典五五三頁）

とにかく聖人の信心の世界をたずね、聖人の教えを聴いて第二の人生観について考えてみましょう。かといって、私は医療や看護を軽視するつもりは毛頭ありません。医療の恩恵を受け、さまざまな福祉政策にお世話になりつつ、しかししっかりと信仰をもつことによって新しい高齢者の生き方を求めようと思うのです。

では、第二の人生観を考えるに当たり、まず生きることの意味を問うため、私たちを生かしてくれている「いのち」について考えておきたいと思います。

第一章 「いのち」について考える

一 命と「いのち」

生きるとはどういうことか

人は誰でも、「ああ、年をとってしまったなあ」と感じるときがあるでしょう。そんなとき、ふと、こうして生きているということはどういうことなのだろうか、これから先どう生きていけばいいのだろうかと、考えこむことがあります。

そもそも「生きる」ということは、どういうことでしょうか。辞書で調べてみると、「生きる」とは「（生物が）生命を保つ。生存する」（『広辞苑』）、「人・動物などが命を保つ。生存する」（『スーパー大辞林』）などと書かれています。ようするに「生命」や「命」をもつものがそれを保ち、まっとうしようとすることだといえましょう。

そうであれば、この生命とか命の意味を明らかにしなければなりませんが、この問題は少し後回しにして、まず次のような話に耳を傾けてみたいと思います。

一九九〇年、『妊娠カレンダー』で芥川賞を受賞した作家の小川洋子氏が、五木寛之氏との対談で次のように語っていることに、私は衝撃を受けました。

子供が生まれてすぐ泣くのは、これから自分に与えられる苦しみを悲しんで泣くのだとよくいわれますが、私もそう感じました。生まれるということは喜びばかりではない。すでに死を含んだ生をここに自分は授けられている。生命の誕生は決して死と無縁ではない、人間が宿命的に背負わされている、死にまつわる、せつなさのようなものを、赤ん坊の産声は表現しているな、と思いました。

（五木寛之『死を語り生を思う』二八頁、角川文庫、二〇一四年）

そして「生命が持っている、底知れない深みに手を浸すような経験だなと思いました」（五木寛之『死を語り生を思う』二九頁）とも語っておられます。

最近では、出産、誕生といえばおめでたいことになっていますが、本来は必ずしもそうではありませんでした。たとえば、仏教の開祖の釈尊は、生・老・病・死を四苦ととらえ、生まれることも苦であるといわれました。

また古代ギリシャには、人間の一番の幸せは「生まれてこないことだ」などという言葉もありました。命や生命をもって生まれてくるということは、ただめでたいというような単純なことではないし、命や生命のもつ意味はそれこそ「底知れない深み」をもったものといえそうです。平生我々は、自分は命の持ち主、主人公であるかのように思い込んでいますが、じつは、もっと底の深い不思議なもののようです。

「医療と宗教を考える会」世話人で、仏教学者の中野東禅氏は、次のようにおっしゃっています。

自分が生まれてくる時代や場所、両親などを選んで生まれてきた人はいないでしょう。自分がなぜ、こういう顔つきで、こういう目の色、髪の色なのか。説明しようと思ってもできません。それは、命がもともと「人間の都合を超えたもの」だからです。

（『仏教の生き死に学』四頁、ＮＨＫ出版、二〇一三年）

命は一見自分のものであるかのようであって、しかも自分のものではないという不思議なものです。

私も含めて、現在の日本の主として中高年層の人々は、若いころ科学主義の洗礼を受けて成長しました。このため、命というものも自然科学的にとらえ、精子と卵子が合体して生じたもの、諸器官の集合体として有機的に命を保つのであって、死によってその機能を失い、無機物となって無に帰す。それ以上でも以下でもないというように考えがちです。

そもそも、精子や卵子はなぜ、どこから、何のために生じたのか。人はなぜ、老・病・死の待っているこの世界に生まれてくるのか。老・病を経てなぜ死んでいくのか。死とは何なのか、死ののち、本当に無くなってしまうのか。無くならなければ、いったいどこに行き何になるのか、などと問うこと自体があまり意味のないことのように考えがちです。

しかし、序章でも述べたように、今や高齢化が進み、独居老人も多くなりました。経済的に追いつめられ、病院や施設をたらい回しにされ、漂流老人とまでいわれる人が増えました。自尊心も粉々に砕かれ、ただ黙って耐えるほかない状況に追いこまれているのです。さらには、認知症に襲われ、自分さえも失う不安感、恐怖感にもさいなまれています。死んだら無になるというような見方だけで、このような辛い老後を耐えていけるのでしょうか。

また、現代ほど人命尊重が叫ばれる時代はなかったといえますが、はたして本当に命が尊ばれているかというと、疑問も湧いてきます。同情を禁じえないのですが、介護の疲れによる虐待、殺人など、これからも増えていくのではないでしょうか。逆に、介護される人の中にも、もうこんな命はいらない、早く死んで解放されたいと思う人も多くなるのではないでしょうか。

「いのち」の不思議を考える

せっかくこの世に生を受けたのに、このようにしか考えられなくなったということは、あまりにも悲しいことだと思われます。「底知れない」深い意味をもった命、いいようのない喜びに打ち震えるような感動をおぼえさせる「不思議な」命を、ただ自然科学的な場からだけではなく、深い思索や信仰によって洞察しようとする哲学や宗教の視野からも考えていかねばならないと思うのです。もちろん、自然科学的な研究を軽視するものではありません。その成果を取り入れつつ、しかも哲学的、宗教的思考を深め、両分野が協力し合う場からのアプローチが、今こそ必要であると私は考えているのです。

さて、この場合、先ほどから私は命とか生命という言葉を使ってきましたが、これを「いのち」と呼ぶことにしたいと思います。底深い、不思議な命といわれるような命を「いのち」と呼び、その意味を追究していきたいと思うのです。これによって若いころから自然科学的な命としてしか考えてこなかった人々とともに、命を新しい角度から考え、新しい「いのち」を生きる高齢者の新しい生き方を見つけたいと思うからです。

二　「いのち」とは

生き続けるいのち

私は若いころ、新聞に掲載されていた四十七歳の女性が投稿した文を読み、心を貫かれたことがあります。今でもその切り抜きを、大切に保管しています。少し長いのですが、全文を引用してみます。

私の娘は、膠原（こうげん）病で永い闘病生活に力つき、さる八月九日亡くなりました。その前々日「お母さん、そろえておいて」と娘が急に言い出したのです。それは『星の王子さま』と、目の不自由な子供さんのために娘がしていた点訳の指導書、そして信仰の本の三冊でした。こんなつらいわが娘の旅支度をする不運と残酷さに泣くこともできませんでした。でも娘は平静で、それからの丸一日間、泣き笑いのうちに静かな別れをしました。亡くなった後、遺品の琴のツメの袋の中に一枚の写真が大切そうに入れてあるのを見つけました。娘は青春をかたいつぼみのままで過ごしたのですが、きっと写真の主は、娘の心の中の「星の王子さま」だったのでしょう。いま娘はきっと天上の星の王子さまのそばで、現世で得られなかった幸せを得て、せっせと点訳に励んでいることと思います。

秋立つ夜　点訳乙女の　天かえる

娘の点字の師からの句でございます。

この投書には、本当に胸を打たれました。今、娘をもつ私には、もっと切実にこの母親の気持ちがわかる気がします。

人は平穏で健康なときは、ものごとを頭で合理的、科学的に考えます。しかし、自分の身に思わぬ不幸が訪れたりすると、心の中にはまったく違った動きが生まれるものです。平穏なときには、天国はあるかないか、星の王子さまはいるかいないか、人の命が天に帰るなどということが本当にあるのだろうか、おそらくそんなことはありえないだろうと考えるのが普通でしょう。

しかし、この母親の気持ちの中では、娘さんは天上に行っているのであり、星の王子さまのそばで幸せになっているのであり、短い命を終え天に帰ったのです。我々が、もしこのような立場に立たされたら、やはりそう思うのではないでしょうか。平穏な日常で考えている命は「命」であり、この母親が感じているような、この世の命を終え天上でも生き続けている命を、私は「いのち」と呼びたいと思います。人間は現世の「命」を命と感じるだけでなく、このような「いのち」も同時に感じているのではないでしょうか。恋人や親兄弟、子を失った場合、灰になり骨になり、無機物になったから、命は無になってしまったと考え、それで満足できるでしょうか。まずそうは思えないでしょう。

ずいぶん以前のことになりますが、大学のキャンパスで以前教えた学生に出会ったことがあります。彼は外国からの留学生で、自国の大学を卒業後しばらくその国で教師をした後、日本に留学した学生で、すでに結婚もしていました。ちょうど昼休みでしたので、一緒に食事をしようということになり、レストランに入りました。教えたころには活発な学生でしたが、その日は元気がありませんでした。わけを聞いてみますと、じつは最近彼の子どもが小児癌であることがわかったというのです。驚いた私は、何とかして慰めようとしたのですが、彼はしっかりと私のほうを見て、「心配してくださり、とても嬉しいのですが、じつは私はカトリック教徒です。子どもが癌になってしまったのも神の摂理として受け入れようと努力しています。とても辛いのですが、子どものいのちは、たんに私のものではありません。神の与えてくださったいのちですから、神にゆだねようと心に決めております。この世のいのちが終わっても、天国で新たないのちをいただくことでしょう。どうぞ先生、心配なさらないでください」といいきりました。見事な覚悟と信仰に、私は感動してしまいました。生物学的な命が、それを超えたいのちの次元でとらえられているのです。

膠原病で亡くなった娘さんのいのちも、この癌で亡くなっていく子どもさんのいのちも、死後「いのちの世界」で生き続けていくいのちとして考えられているのです。そして、やがて親たちもその「いのちの世界」に生まれていくと信じているに違いありません。このような心境には、科学的にとらえた命とは異なったいのちへの思いがあり、たんに合理性の上に立っているのではない心の動きがあるといえましょう。

「命」から「いのち」へ

一歩踏みこんでみます。たしかに現代科学は、人間の避けえない病や死の苦悩を軽減してきました。また、自然現象への無知からくる恐怖感をやわらげてきましたし、命を延ばし、快適にしてきたともいえます。しかしその奥で、その快適さに生きる人々に、突然襲う病、あるいは突然の死などに対する心のもろさを植えつけてきたのではないでしょうか。常に病や死の恐怖に直面してきた昔の人々にとっては、それらに対する心構えがいつも要求されていました。ですから、昔の人々にとっては、自分を取り巻く世界は恐れの対象であると同時に、祈りの対象でもありました。科学的知識は乏しくとも、それに対する感覚は鋭敏でなければ生きていけなかったし、病や死はとぎすまされた問題として、常に自己の前にあったからです。

現代人が作り上げた科学の世界にあって、問題点はいろいろありますが、ここではその一つを取りあげて考えてみます。私見によれば、現代人のものの見方が、一面で非常に三人称的になっていると思われる点です。これには多くの理由が考えられますが、ものを客観的に見る科学の中に生き、科学と無縁には生きられないという事情が、重要な原因になっていると思われるのです。

しかし人間の命は、いずれ病にも死にも出会わなければなりません。これに対して人間は、私一人で直面しなければならないのです。三人称の世界ではなく、一人称の世界で立ち向かわなければならないのです。ということは、科学のすばらしい発展は、三人称的、科学的になった人間に、人間自身の一人称的苦悩の弱みを露呈させることにもなったのです。人間の作り出した科学が、逆に人間を弱くし、人間を疎外することにもなったということです。

このような現代にあって、科学は宗教を必要のないものにするというような見方は、科学の発展期における楽観論であったという反省も、最近顕著になってきました。自然物を対象にするように、人間の心や精神を三人称的にだけ見る見方は、ある意味で過去のものとなったということでもあります。科学を先導するのが人間であることは承知の事実ですが、その人間が知らぬあいだに科学に先導され、人間の心をもろくしてしまったのも事実ではないでしょうか。いのちを科学的生命観からしか見ないということは、死を恐怖の対象としてしか見ず、それを避けることしか考えなくしてしまうという傾向を生みだしました。命をもっとしなやかにとらえ、病を新たないのちに目覚めさせるもの、死を、たとえば救いに入る門としてとらえ直すことを忘れさせ、生物学的な生と死のあいだに命を閉じ込めてしまったといえないでしょうか。

スイスの神学者ブルンナーは、「精神的な理解は、このような自然科学的な理解とはまったく逆であり、精神の法則は、自然の法則の正反対である」といい、ドイツの哲学者ヤスパースは、「精神は自然現象として科学的に探求されうるものではなく、内面から理解されうる」ものであると指摘しました。もちろんこの両者の見方の背景には、それぞれ深い理由がありますが、少なくとも、対象を科学的三人称的にのみ見る目と、人間そのものを一人称的に見据えるべき眼が、人間にはあるはずですし、あらねばならないと指摘していると思えます。この点を見失うと、日常的なことは科学的に処理しえても、病や死に遭遇すると心のもろさを露呈し、自己の主体性を失ってしまう恐れがあります。

いずれにしても、人間が生きるべきいのちを、一人称的な場で私の問題としてとらえるものが宗教であり、その宗教こそが科学的な生命をいのちとしてとらえ直していく必要があるということを確認しておき、一歩進め、いのちの問題を深めていきたいと思います。

宗教的ないのち

『旧約聖書』の「創世記」第二章には、次のように述べられています。

> 主なる神は、土（アダマ）の塵で人（アダム）を形づくり、その鼻に命《いのち》の息《いき》を吹き入れられた。人はこうして生きる者となった。
>
> （『聖書（新共同訳）』一頁、日本聖書協会、二〇〇〇年）

この「命の息《いのちいき》」の「命」は、自然科学でいう命ではありません。神によって与えられた尊い「いのち」なのです。神がみずからの姿に似せ、心をこめ、愛をこめ、願いをこめて創造してくださったという尊いいのちなのです。いわば、神の魂のこもったいのちです。

科学史家の村上陽一郎氏は、フランスの哲学者デカルトのいわゆる心身二元論を批判し、次のようにおっしゃっています。

人間存在とはデカルトとは違って三元論的存在なのではないか。人間の「いのち」とは、「もの」と「こころ」のほかに「たましひ」（ここでは旧かな遣いを通したい）としての存在を重ねたものなのではないか。

（「『いのち』と『生命』」、『現代宗教２００３』（東京堂出版、二〇〇三年）所収、三六〜三七頁）

村上氏がいわれる「いのち」には、私が考えている「いのち」と通じるものがあると思います。さらに氏は、注目すべき提言をなさいます。

かくして、三元論的人間存在を表現する言葉として「いのち」を使うとすれば、われわれは胎児の「いのち」、「脳死の人」の「いのち」をも問題にし得る視点を啓《ひら》かれることになるのではないか。

（『現代宗教２００３』三七頁）

鋭い提言であると思えますし、先にあげた膠原病で亡くなった娘さんのいのちを思う母親のいのち観、小児癌の子の親のいのち観も、このいのち観の中に含まれていくことになると思えます。

このような宗教的ないのちの見方は、したがって自然科学的な命の見方とは根本的な違いを見せることになります。たとえば、クローンに対する見方に、その違いがはっきりとあらわれています。米国のロナルド・仲宗根氏は、アメリカのキリスト教徒がクローン人間の生成に反対する理由について述べておられます。

キリスト教の人たちは、人間の尊厳は神が与えたものであり、人間の生命は神により恵まれたものであると考えるので、それに触れてはならないと考えます。クローン人間は、造物主なる神の領域を侵す人間の行為として、否定されるのです。

（那須英勝訳「新世紀の仏教思想　仏教の思惟方法の構造と重要性」『仏教生命観からみたいのち』（人間・科学・宗教ＯＲＣ研究叢書1、法藏館、二〇〇五年）所収、一一二頁）

つまりキリスト教徒にとっては、人間のいのちは神によって与えられ、恵まれた尊いものなのです。人間によって「モノ」の一種に還元できるようなものではないのです。

さらに仲宗根氏は、仏教のいのちの見方にも触れ、命を人間の道具や手段にすることに警鐘を鳴らしておられます。

これに対して、仏教では、生命を自己の道具や手段として自己中心的に扱う行為に対して否定的です。さらに、すべてが移り変わっていくという無常の思想や、支え合って生かされているという縁起の思想から見ることもできるでしょう。

（『仏教生命観からみたいのち』一一二頁）

仏教には、キリスト教のような神による創造という発想はありませんが、いのちは生きとし生けるものが支え合って守るべき尊いものと考えます。

そこで、以上のように、自然科学的な「生命」や「命」の見方に対してまったく異質な「いのち」というものが宗教の領域で考えられていることを確認しておき、次に仏教におけるいのちの見方をやや詳しく見てみたいと思います。

三　仏教の「いのち」の見方

縁起に気づかれた釈尊

仏教の開祖釈尊は、二十九歳のときに出家されました。城を去られた釈尊は、さまざまな修行者たちに会い、その教えを聞き修行されますが、納得できるものはありませんでした。

そこで、ガンジス河の支流ナイランジャナー河（尼連禅河）河畔のマガダ国セーナーニ村で苦行をはじめることになさいました。そこには片足で立ち続ける人や、太陽を裸眼で見続けるといった難行苦行を重ね、いわば超能力や神通力を得ようとする人々がいました。その人々の中に身を投じ、肋骨が浮き出るほどの断食もされました。やがて釈尊を中心に六人の仲間もできますが、釈尊の修行は並はずれて激しかったといわれます。しかし、苦行は疲労と苦痛を与えるだけで、心の平安は与えてくれませんでした。そしてとうとう、苦行を放棄するに至られました。

気を取り戻された釈尊は、河に入り、身を浄められます。村娘スジャーターから牛乳で調理した乳粥をもらい、肉体を回復させ、今度こそ真理を把握すべく、ブッダガヤーの菩提樹の下に座り、瞑想と思索にふけられることになります。

その結果、釈尊が気づかれたことの一つに、縁起というものがあります。縁起とは、「縁《よ》って起《お》こる」ということであり、何ものも他のものに依存して生起するのであって、まったく独立して存在するものはないということです。それまで六年間修行し続けてこられたのですが、そのあいだ「私が」「私こそが」と思い、ひたすらご自分の力のみに頼ってこられました。

しかし、この私とはいったい何なのかという問いに立ち帰り、冷静に考え直された結果、じつはこの私はさまざまな縁によって生かされている存在にほかならないと気づかれたのです。自分一人の力で生きているのではないということに、目覚められたのです。釈尊の語られた言葉に、次のようなものがあります。

これがあるゆえに、かれがあり、これがないときには、かれはない。これが生じるが故に、かれあり。これが滅するがゆえにかれ滅す。

すべてのものは、他のものと互いに関係しあってはじめて存在するということを悟られたのです。我意識、我欲にとらわれ執着するかぎり、真理は見出せないと気づかれたのです。

そこで釈尊は、この縁起の理論によって人間の苦しみの根源を追究し、苦の根本原因は人間の無知（無明）にあると考えられました。無知であるために迷い、迷って何かに執着し、ますます迷いを深め、苦しみを増すことに気づかれたのです。そこでこの縁起の道理によって、世界の実相を見きわめ、苦しみから脱出する理論と実践法を考え出し、これを四諦《したい》すなわち苦諦（人間の存在を直視すれば苦にとり囲まれているという真理）、集諦《じったい》（苦の原因は欲望にほかならないという真理）、滅諦（苦の原因である欲望を滅すれば、苦もまた滅することができるという真理）、道諦（苦を滅するためには道があるという真理）とし、またその道を八正道、すなわち正しくものを見る正見、正しく思索する正思、正しく話す正語、正しく行動する正業《しょうごう》、正しく生活する正命《しょうみょう》、正しく努力する正精進、正しく心をめぐらす正念、正しく精神を統一する正定《しょうじょう》とし、人々に説くようになられました。

では、この縁起の理論によって、人間さらには生きとし生けるものの命、生命について考えると、どのようなものとなるのでしょうか。ここに仏教のいのちの見方が明らかになってくるはずです。

縁起といのち

まず縁起には、時間的縁起と空間的縁起があります。

時間的縁起とは、過去のさまざまな因縁によってさまざまなものが生じるということです。自分やほかの多くのものが今ここにいるのは、過去にいろいろな因や縁があったからです。因と縁によって生じ起こるということから因縁生起といい、そのうち縁と起だけを取り出して縁起というのです。因も縁もなく突然何かが生じるということは、仏教ではありえないことです。したがって、キリスト教などでいわれる「無よりの創造」のような発想はないのであり、この点で科学的思考に近いところもあります。因は直接的な原因、縁は間接的な原因と考えてもよいでしょう。例をあげてこれを説明してみます。

今ここに新しく収穫された、新米の米粒があるとしましょう。この米粒は突然にできたものではありません。去年収穫された米粒が保存され、田にまかれ、水などを吸収し苗になります。やがて田植えによって成長しやすいスペースを与えられ、日光を浴び、栄養を吸収しながら成長し、稲穂ができます。そのあいだ、夏の炎天下で農家の人たちによって田の草取りなどが行われ、やがて秋になり実った稲穂は脱穀され、精米され、同時に翌年のために種籾《たねもみ》が保管されます。このようなことがすべて縁となり、結果として米粒になるわけです。昨年の種籾は、はるか昔からの数えきれない縁が重なっての種籾であったし、今年できた種籾は、これから無数の縁が加わり無数の種籾になっていくのです。過去から将来にわたって縁が重なり合い、無数のものが生じてきましたし、生じていくことでしょう。これが時間的縁起ということです。

次に空間的縁起ですが、これは今ここに存在するものは、相互につながっているということであり、相依相関、つまり相依《あいよ》り相《あい》関係するということです。自己は、他者に支えられ存在しているということです。たとえば、米粒ができるのは田があってのことですが、田は水があるから田なのです。水がなければ乾燥した土地にすぎず、稲の成長はありえません。また日が当たるから稲の生長する田であって、日が当たらねば稲田とはなりえません。このように、田も空間的にいろいろなものに支えられ稲田として存在できるのです。その田に植えられることによって、米は成長していくのです。空間的にも米粒は、さまざまな縁によって生じていくということです。

ようするに、生きて存在するものは、時間的な縁と空間的な縁により、あらゆるものに支えられて生きていることを教えるのが縁起の教えです。平生は、自分一人で生きているように思い込み、我《が》をはっているのですが、じつは過去の無数の縁によって生かされ、今無数のもののお陰に支えられ生きているというのです。このように命を考えるのが、仏教のいのちの見方です。たんに生まれてから死ぬまでの生命、命ではありません。永遠の時間、無限の空間の中で、あらゆるものが相互に関係し合い支え合っていることを知り、感謝して生きるべきいのちなのです。さらに忘れてならないことは、そのいのちを保つために、他の生きもののいのちを奪っているということです。このことを自覚し、すべてのいのちあるものへの慈悲心をもたねばなりません。

さて最後に、このような仏教のいのちの見方は、科学的な生命観と相違すると同時に、他の宗教や哲学の見方とも違う、独自のいのちであるということを確認しておきたいと思います。

仏教のいのち

まず仏教のいのちの見方は、同じ宗教であっても、全能の神によって創造されたとされるいのちとは、根本的に異なります。たとえば、キリスト教によれば、人間は神の似姿として神に創造されたのです。したがって人間は、神の意志に従い、その摂理を受け入れ、神とともに生きることがすべてであって、そのときいのちはまっとうされていくのです。真の生きがいは、そこに見出されるのです。これに対して仏教では、自分のいのちは因と縁によるものとして受け入れ、一人ひとりが諸縁を良縁にし、いのちを充実させていくところに、生きがいを見出そうとするのです。この点を確認しておきます。

次に、仏教のいのちの見方は、いわゆる運命論や宿命論の見方とも異なります。運命論や宿命論によれば、あらゆる出来事は運命（宿命）によってすでに定められており、人間の判断や意志は、この運命の前には無力であるというのです。したがって、今あるいのちを見つめ、修行等により悪縁の原因になっている煩悩を滅ぼしたり、あるいは他力の教えに帰依することによって、縁を良縁にしていただこうとする仏教とは根本的に異なります。言い換えれば、仏のいのちに近づこうとする仏教、あるいは仏の救いによっていのちを高めようとする仏教とは根本的に違うのです。

また仏教は、物質を根本的に実在するものと見なし、精神とか意識も物質に還元してとらえる唯物論の見方とも違います。唯物論は、すべてを素材としての物質に還元し、精神的な価値を認めません。したがって、人間を理解する場合にも、悪縁を努力によって良縁にしていこうとする内面的な努力も認めえず、たとえば生命、命の機械的な精巧さは認めるにせよ、いのちを尊いとかありがたいと感じ、より豊かなものにしようとする発想は、基本的には生まれてきません。この点で、仏教的ないのちの見方と唯物論の生命観は、根本的に異なります。

さて、以上見てきた点から、仏教の縁起の道理とそれにもとづくいのちの見方の特徴が、かなりはっきりしてきたと思われます。そこで、最後に親鸞聖人のいのちの見方に触れてみたいと思います。

四　親鸞聖人の「いのち」の見方

業縁

親鸞聖人も仏教者ですから、当然考え方は縁起観の上に立っておられます。しかし、縁起のとらえ方に特徴があります。『歎異抄』第十三条には、

さるべき業縁《ごうえん》のもよおせば、いかなるふるまいもすべし。（聖典六三四頁）

という独特な言葉があります。

この言葉の意味は、過去の行為の結果として、そうしなければならないという縁がもよおせば、どんなこともするというものです。過去の行為による縁を業縁といいますが、この過去とは現世における過去だけではなく、前世も含んでいるのです。たんに、今生の行

為による縁だけを考えておられるのではないのです。途方もないスケールで考えておられるのです。聖人が考えておられるのは、今生に受けた生物学的な命ではなく、過去世から続くおのれのいのちなのです。

『歎異抄』の第十三条には、恐ろしくなるほどのスケールで、縁起について門弟の唯円に説かれています。唯円はこの条で、聖人が「人間の犯す、兎の毛や羊の毛の先についている塵のように小さな罪も、前世からの因縁によらないものはない」とおっしゃったと述べ、次のように聖人との会話を伝えています。

あるとき、唯円は聖人に、「私のいうことを信じるか」と問われ、「もちろん信じます」と答えると、「では人を千人殺してもらおう、そうすれば確実に浄土に生まれられるぞ」といわれ、驚いて、「私には千人どころか一人の人間であっても殺すことはできません」と答えました。すると聖人は、次のようにおっしゃったと述べています。

これにてしるべし。なにごともこころにまかせたることならば、往生のために千人ころせといわんに、すなわちころすべし。しかれども、一人《いちにん》にてもかないぬべき業縁なきによりて、害せざるなり。わがこころのよくて、ころさぬにはあらず。また害せじとおもうとも、百人千人をころすこともあるべし。　（聖典六三三頁）

聖人は、唯円に、「これでわかったでしょう。どんなことでも思い通りになるなら、すぐに殺せるはずです。しかし殺すべき因となる過去の行為がなければ、たった一人でも殺せない。自分の心が善くて殺さないのではありません、逆に殺すまいと思っても、因縁によって百人、千人を殺さざるをえないこともある」と語られたというのです。人間の姿と縁起が、じつに深いところから考えられていることがわかります。

自分は、幸い戦乱に関係せず人を殺すことはなかった。しかしこれは、自分の心が善いために殺さなかったのではない。殺さなければならない縁があれば、殺さざるをえない。悪業の前に人間の存在がいかに無力であり、悪であるかという思いが、その根底にあるのです。

戸頃重基氏は、次のように指摘しておられます。

老母の扶養を断念しても子は出家すべきである、といった道元、道理のない殺生は制止しなければならぬが、一人を殺さなければ万人の生命の危いとき、「一を殺して万を生すべきをば許すべし」（『戒法門』）といった日蓮、そのどちらも、現代の倫理からは、反人間的な生命蔑視の思想として批判をまぬがれないが、親鸞の業の思想に比較すれば、まだ非情の度合は緩和されているといってよい。親鸞においては、生物を殺すことを禁じた不殺生戒を守ろうとする慈悲心のひとかけらさえも、宿業の前には、無力としてあきらめられているのである。（『鎌倉仏教』一〇八頁、中公新書、一九六七年）

親鸞聖人は、非情なまでに、過去の業から縁起する人間の現実存在の姿をえぐりだしておられるのです。現実に存在している人間のいのちは、たんに生まれ、死んでいく一代限りの生物学的な生命などではありません。過去世に生き、現世に生き、そして来世に生きるであろういのちとしてのいのちなのです。

そうであれば、このように自己が宿業の前に悪であるほかないという状況にあるとき、もはや社会通念の善悪、倫理的な善悪、哲学的な観念的善悪などとは、まったく次元の異なる世界に聖人のいのちが位置づけられていることに気づかねばならないのです。また戒を守り、善をなし、功徳を積むことによって得られるような救いも、不可能となるのです。

持戒持律《じかいじりつ》にてのみ本願を信ずべくは、われらいかでか生死《しょうじ》をはなるべきや

（『歎異抄』聖典六三四頁）

凡夫《ぼんぶ》はもとより煩悩具足《ぼんのうぐそく》したるゆえに、わるきものとおもうべし。

（『親鸞聖人血脈文集』聖典五九四頁）

人間実存が宿業によって悪であれば、伝統的な、煩悩を滅ぼして仏に成るというあり方もまったく不可能になるのです。あるいは、人間に宿る仏性を磨き仏に成るという、仏性を介した仏と人間のあいだの連続性も断ち切られることになります。

このような状況にあっては、当事者の関心は、もはや「煩悩を滅ぼす」ことでもなく、

「仏性を磨いて仏に成る」ことでもなく、煩悩をもったまま、宿業を背負ったいのちのままでの「救い」に集約されていきます。千輪慧氏は、次のように指摘されています。

貪欲と瞋恚と愚痴を中心に身心を悩乱するところの煩悩との対決ということは、仏教の伝統でもあった。（中略）彼の煩悩との戦いは、旧仏教の人々のように、如何にそれを払いのけるか、という戦いではなく、煩悩の中にも（中略）救いはあり得るか、という探求であり、その意味での戦いであったのである。

（「親鸞における『悪』について」『武蔵野女子大学紀要』六、五四頁、一九六六年）

宿業に縛られた「いのち」に救いはあるか

こうして聖人の関心は、煩悩を滅ぼすことから、宿業に縛られた「罪悪《ざいあく》深重《じんじゅう》煩悩《ぼんのう》熾盛《しじょう》」の我がいのちに救いはあるか、あるとすればどのような救いなのかという問いに移っていきました。比叡山時代の聖人は、戒律を守り、煩悩を払い、滅ぼす修行に徹しられました。しかし、しだいに客体的対象として仏に向かうのではなく、救われえないいのちを荷いつつ、そのままの姿で救われたいという、ある意味で矛盾する思いを抱いて仏に向かわれるようになりました。二十九歳のとき、六角堂に参籠された折の内面的な状況は、まさにこのようなものでした。

しかし、この参籠をきっかけにして、法然上人と出会われたことによって、この宿業に縛られたいのちが、まったく違う意味をもつようになったのです。

『歎異抄』には、有名な、

　善人なおもて往生をとぐ、いわんや悪人をや。
（聖典六二七頁）

という言葉があります。善人でさえ浄土に生まれることができるのですから、悪人が生まれられないはずはないという意味です。なぜこのようなことがいえるのでしょうか。

じつはこの悪人というのは、一般社会でいう善人・悪人の次元から考えられた悪人ではありません。悪縁を良縁にする術も知らず、ただ業縁に縛られ、迷い続ける人間を指すのです。あえていえば、人間すべてを指すといっても過言ではないのです。煩悩に縛られ、地獄におちるほかないいのちを生きる人間を指すのです。そのような悪人が、どうして救われるのでしょうか。悪因、悪縁に縛られる悪人が、どうしてそこから解放され、浄土に往生できるのでしょうか。法然上人との出会いによって、仏の本願というものに気づかれたのです。いのちが、本願の中でとらえ直されたのです。

　煩悩具足《ぼんのうぐそく》のわれらは、いずれの行《ぎょう》にても、生死《しょうじ》をはなるることあるべからざるをあわれみたまいて、願《がん》をおこしたまう本意《ほんい》、悪人成仏《あくにんじょうぶつ》のためなれば、他力をたのみたてまつる悪人、もっとも往生の正因《しょういん》なり。
（『歎異抄』聖典六二七～六二八頁）

どうあがいてみても、悪因、悪縁によって積み重ねられた煩悩から離れられない私たちは、どのような修行をしてみても、とうてい迷いの世界を離れることなどできません。このような私たちをあわれんで、本願をおこしてくださった阿弥陀さまの本心は、このような悪人こそを目覚めさせ、仏にしようとしてくださるところにあるのです。ですから、いちずに他力をたのむ悪人こそが、救いの対象として最もふさわしい者となるといわれるのです。というのは、本願に自己のいのちのすべてを注いでくださった阿弥陀さまのいのちが、宿業に縛られた悪人のいのちに注がれ、その悪人のいのちは宿業をもったまま新しいいのちに生まれ変わるからです。言い換えれば、信心も念仏も与えてくださり、私とともに生きよとはたらきかけてくださる阿弥陀さまのいのちと出会って生まれるいのちであるともいえますし、阿弥陀さまから与えられる新しいいのちともいえるでしょう。

新しい「いのち」が

阿弥陀さまから与えられる新しいいのちに気づくと、それまでの生物学的な生命観が大きく転換され、独自ないのちの世界が開けてくるはずです。じつは、このような新たないのちの見方、その上に立った世界観があるということを、高齢者の方に気づいていただきたいと思うのです。

聖人は、『歎異抄』第五条で、思いもよらぬことを語っておられます。

親鸞は父母《ぶも》の孝養《きょうよう》のためとて、一返《いっぺん》にても念仏もうしたること、いまだそうらわず。

（聖典六二八頁）

亡き父母のために追善供養の念仏をとなえたことなぞ、一度もないとおっしゃるのです。現在でも、親の冥福を祈って念仏をとなえる習慣がありますから、このような聖人の言葉を、まるで親不孝な発言のように受け取る人も多いでしょう。しかし、聖人の縁起観によるいのちの見方と念仏観を知れば、親不孝などではなく、もっと深い意味をもった言葉であるということがわかります。なぜなら、

そのゆえは、一切《いっさい》の有情《うじょう》は、みなもって世々生々《せせしょうじょう》の父母《ぶも》兄弟なり。いずれもいずれも、この順次生《じゅんししょう》に仏《ぶつ》になりて、たすけそうろうべきなり。

（聖典六二八頁）

つまり、いのちあるものはすべて、はるか昔から何度も生まれ変わったり死に変わったりするあいだに、私の父母であったり兄弟であったはずであるから、この次に生まれるときには仏となって、いのちあるものすべてをたすけなければならないとおっしゃるのです。

聖人の考えられるいのちは、今生の一回だけのものではないのです。何度も何度も生まれ変わり、死に変わりしているいのちですから、今生の父母だけのために念仏をとなえるなどという、スケールの小さい考え方ではいけないのです。念仏もうさせていただき、浄

土に生まれ、そこで仏にしていただいて、縁あるすべての人々を救うようにならなければならないといわれるのです。さらに救うべきは、たんに人間のいのちだけではありません。

袈裟を着て魚肉を食す

聖人の師、法然上人はおっしゃいました。

いきとしいける物は、過去のちゝはゝにて候なれば、くふべき事にては候はず。

（大橋俊雄編『法然上人全集』第三巻、一五八頁、春秋社、二〇一〇年）

生きとし生けるものは、過去世の父母であったこともあるから、食べてはならないといわれるのです。

じつは、親鸞聖人は魚を食べるときには、袈裟を着けられたといわれます。本願寺三世覚如上人の『口伝鈔』には、次のように述べられています。鎌倉幕府五代執権北条時頼が、まだ九歳で開寿殿と呼ばれていたころ、聖人はある酒席に招かれ、魚肉が出されました。他の僧は袈裟をとって魚を食べたが、聖人は袈裟をつけたままこれを食べられた。それを目にした開寿殿は、不思議に思って聖人にわけを聞きます。はじめのうちは、うっかりして取り忘れたなどと言い繕っておられましたが、しつこく真意を問われ、もはや言い逃れすることができなくなり、次のようにおっしゃったといわれます。

袈裟《けさ》はこれ、三世《さんぜ》の諸仏解脱幢相《しょぶつげだつどうそう》の霊服《れいふく》なり。これを着用しながら、かれを食せば、袈裟の徳用《とくゆう》をもって、済生利物《さいしょうりもつ》の願念《がんねん》をやはたすと、存《ぞん》じて、これを着《ちゃく》しながら、かれを食《しょく》する物なり。

（聖典六五八頁）

袈裟は、過去・現在・未来の一切の仏さまが悟りを開かれたことをあらわす標識としての尊い衣服ですから、これをつけて魚肉を食べれば、袈裟にこもった尊いはたらきによって、魚のいのちを救おうとする願いも果たすことができると思い、袈裟をつけたまま食べたのですとお答えなさったというのです。

聖人は、肉食妻帯をみずから公にされましたが、たんに肉を食うことを認めたのではなく、こうして生きものの真のいのちを救うことの大切さを説いておられることも、忘れるべきではないでしょう。

以上、聖人のいのちの見方について考えてきましたが、このいのちは科学的な生命観とはまったく異なり、しかも人間だけに特有ないのちでもありませんでした。あらゆるいのちあるものに遍在し、いつの世界、どこの世界にも遍く存在する、深い意味をもついのちでした。

我々一人ひとりは、この尊いいのちを我が身にいただいているわけです。ですからこれを喜び、大切にし、老後を生きなければならないと思います。私を含め、高齢者の方々には、この点に気づいていただきたいと思います。このいのちを喜び、どのように生きぬいていくかを考えるとき、高齢者の新しい生き方、第二の人生観が見えてくるはずです。

では、これからこの新しい生き方、第二の人生観について考えていきたいと思います。その際、老い、病《やまい》、死の順に考えていくのが一般でしょうが、私はあえて死の問題を最初に取り上げてみたいと思います。死の問題を解決すれば、おのずから老い、病の問題が解決されていくはずだからです。死は親鸞聖人によれば決して絶望的なものではなく、解放であり、希望にみちたものでした。そのことを知れば、老い、病はまったく通常とは違った意味をもつことになるからです。

第二章　まず死の問題を解決しよう

一　親鸞聖人は死をどう考えられたか

うれしいもの、めでたきこと

親鸞聖人は、驚くべきことをおっしゃっています。死を「うれしいもの」「めでたきこと」であるといわれるのです。人間にとって最も悲しく辛い死を、このようにいわれるのはどんな根拠があってのことでしょうか。この根拠を理解し、納得できれば、高齢者の不安感を払拭し、第二の人生観を明るいものにすることができるでしょうから、まずこの問題について考えてみましょう。

親鸞聖人は、門弟の明法（一二五一年没）の死について、書簡に次のように書いておられます。

明法《みょうほう》の御坊《おんぼう》の御往生《ごおうじょう》のことを、まのあたりにききそうろうもうれしくそうろう。

（『親鸞聖人御消息集（広本）』聖典五六三頁）

明法が往生したことをまのあたりに聞き、「うれしい」とおっしゃっているのです。さらに、次のようにも書いておられます。

明法の御坊の、往生の本意とげておわしましそうろうこそ、常陸《ひたち》の国中《くにうち》のこれにこころざしおわしますひとびとの御《おん》ために、めでたきことにてそうらえ。

（『親鸞聖人御消息集（広本）』聖典五六三頁）

明法が浄土に生まれたいとの本意をとげられたことは、常陸に住む同じ志をもつ人々のためには、めでたいことだといわれるのです。これはどういうことでしょうか。

じつは、明法という人物は、もともと弁円という名で、聖人が常陸の稲田に滞在されるようになったころ、この一帯に勢力をもつ山伏でした。しかし、聖人が念仏の教えを広められるようになると、しだいに信者を失い、嫉妬に狂って聖人を殺害しようとしました。しかし失敗し、逆に聖人に諭され、教化を得て熱心な念仏者になったのでした。この弁円が、立派に念仏者としての最期をとげたことを、聖人は「往生の本意をとげて」とおっしゃり、「うれしくそうろう」とか「めでたきことにてそうらえ」と書かれたのです。

では、なぜうれしく、めでたいことなのでしょうか。じつは、救われたいのちにとっては、死はうれしく、めでたいことになるのです。生物学的な見地から見れば、命が終わることですから悲しいことでしょうが、聖人にとってはそうではなかったのです。この点について、これから検討していきたいと思いますが、信楽峻麿《しがらきたかまろ》氏が次のように述べておられます。

かつておよそ五〇年の昔、私が若い頃に、この明法房にゆかりのある茨城県板敷の大覚寺を訪ねた時、当時の住職の板敷晃純師との対話の中で、親鸞が、明法房の往生をめぐって「めでたい」と語っていることに言及したところ、いまでもこの地方では、人が死亡した時のお悔やみは「おめでとう」というのだと聞いて、深く心をうたれたことがある
（「親鸞における死を生きる道」『仏教生命観の流れ――縁起と慈悲』（人間・科学・宗教ＯＲＣ研究叢書2、法藏館、二〇〇六年）所収、六頁）

死をめでたいと実感できるようになるということは、死が絶望から希望に転質されていることであって、老いや病への対処の仕方にも深い影響を与えることになるでしょう。

ちなみに、看護学者の藤腹《ふじはら》明子氏は、こう述べておられます。

看護者として多くの患者さんを看取ってきた経験からすれば、あの世を肯定し、死後の生に希望をもっていた方たちは、穏やかな最期を迎えた人が多かったようにも思います。
（『死を迎える日のための心得と作法17カ条』八八頁、青海社、二〇〇六年）

聖人は、一面で「いのちもろくしてほとなきなり」（『正像末和讃』（草稿本）の「命濁中夭刹那」左訓、定親全五、一五〇頁）、「ひとのいのちみじかくもろし」（『正像末和讃』（初稿本）の

「命濁中夭刹那」左訓、定親全五、一六三頁）とおっしゃっています。しかし他面で「うれしく」「めでたきもの」とおっしゃるのですが、そこには親鸞聖人のどのような考えがあるのでしょうか。

正定聚の身

聖人の考えの根底には、信心をいただき念仏もうす人は、「正定聚《しょうじょうじゅ》の身」であるという信念があったのです。この正定聚の身であるという信念が、じつは死を「うれしくめでたきもの」と見なし、受け入れる根拠になっているのです。

では、この正定聚とは何かという点に触れていきますが、その前に、平成八年、リウマチによる多臓器不全のため享年八十一歳で亡くなった、やよさんという女性についての、息子さんの文を見ておきたいと思います。この文によれば、やよさんが危篤になったと知らせを受け病院にかけつけると、彼女は次のようにおっしゃったといわれます。

前から話して置いたとおり、臨終やからと騒ぐことはないぞ。（中略）おらは、もうお念仏のお陰で正定聚《しょうじょうじゅ》や。だからして、臨終に良いも悪いもない。ひとの臨終をとやかく言うもんでないぞ。おらの臨終は阿弥陀さまにまかせたがや。さあ早よう家へ帰って休んでくれ、運転には気をつけてな。

見事に死を受け入れておられる姿といえるし、親鸞聖人のいわれた正定聚の姿勢を貫き、死の問題が解決されていると思えます。このような態度に立ちえるということは、高齢者の問題に大きな光を投げかけているともいえます。

（五木寛之編『完本　うらやましい死に方』一〇八頁、文藝春秋、二〇一四年）

正定聚とは、浄土に往生することが正しく定まった人のことですが、では浄土に往生するとはどういうことでしょうか。さらには、なぜ往生することが定まるのでしょうか。この点を、聖人の書かれた『唯信鈔文意』の次の文を見ることによって考えてみましょう。

「即得往生」は、信心をうればすなわち往生すという。すなわち往生すというは、不退転に住するをいう。不退転に住すというは、すなわち正定聚のくらいにさだまるとのたまう御《み》のりなり。これを「即得往生」とはもうすなり。「即」は、すなわちという。すなわちというは、ときをへず、日《ひ》をへだてぬをいうなり。

（聖典五四九～五五〇頁）

この文章によって、親鸞聖人は次のようにおっしゃっているのです。浄土三部経の『無量寿経』に出てくる『即得往生』という言葉の意味は、信心をいただくとき、ただちに浄土に生まれさせていただくということであり、ただちに生まれさせていただくのであれば、もはや心が動揺することも迷うこともない不退転の世界に住まわせていただくことになる。

こうして不退転の世界に住まわせていただくということは、とりも直さず浄土に生まれることが決定された正定聚の身に定められたということである。このことを即得往生というのであって、即はすなわちということ、すなわちとは時を経ず日を隔てることもないということである、とおっしゃるのです。

この文によると、浄土に生まれることは、たんに死後のことではありません。信心をいただいたその瞬間、時を経ず、日を隔てずに浄土に生まれさせていただけるというのです。ここに、聖人の画期的な見方があるのです。聖人に至るまでは、浄土には死ぬときにのみ生まれるのでした。ところが聖人は、今、ここで、浄土に往生するのだとおっしゃっているのです。聖人の浄土とか往生の考え方を知る上で、この見方は絶対に見逃してはならない点です。

ただ後半の文によりますと、浄土に往生することが定まるだけであって、今往生するのではないというようにも受け取れますが、『一念多念文意』の、「正定聚のくらいにつきさだまるを、往生をうとはのたまえるなり」(聖典五三五頁)つまり、正定聚の位に定まることが決定することを往生を得るといわれたのであるという文を見れば、信心をいただいた瞬間、正定聚に定められ、浄土に生まれ、住まわせていただくということになります。

この点から考えれば、死後ではなく、今、ここで浄土、涅槃の世界に住まわせていただけるのです。「正信偈」の、「煩悩を断ぜずして涅槃《ねはん》を得るなり（不断煩悩得涅槃）」（聖典二〇四頁）、すなわち煩悩を断つことなく、この身このままで浄土に往生させていただくことができるという文も、この境地をよくいいあらわしているといえましょう。従来は、浄土に往生できるのは死後であると考えられていましたが、聖人はこの世界での往生を強く主張されたのです。

しかし、聖人は、このようにいわれながらも、同時に『歎異抄』では次のようにもおっしゃっています。

なごりおしくおもえども、娑婆《しゃば》の縁《えん》つきて、ちからなくしておわるときに、かの土《ど》へはまいるべきなり。（聖典六三〇頁）

娑婆に未練が残り、名残惜しく思うなら、この世との縁が尽き、どうしようもなくなって命が終わるときに、かの土（浄土）に参らせていただけばよいともいわれるのです。

今、ここで浄土に往生させていただいていると思っても、すぐに煩悩にさまたげられ、往生していると思えなくなるのが人間の現実の姿です。信心をいただき、浄土に住まわせていただいていると思いながらも、この世に引き戻されてしまうのが、赤裸々な人間の姿であるともおっしゃるのです。そういう人間のありのままの姿を、聖人は否定されていないのです。今生で浄土に往生できなければ、死後に往生させていただけばよいのです。今生で往生してもめでたいことであり、死後往生してもめでたいことです。究極のところ、聖人においては、現生も後生もないのです。現生も後生も阿弥陀さまの救いのはたらきに違いはないからです。

先にあげた明法の往生は、この死後往生の一例ですが、かといって明法は生前救われていなかったかというと、そうではありませんでした。聖人の諭しに触れ、懺悔して救いに触れたときには、浄土に生まれえたと感じたことでしょう。しかし、すぐに煩悩に引き戻され、娑婆での生活を余儀なくされるのです。娑婆と浄土を往きつ戻りつするのが現実の姿ですが、しかしここにこそ聖人のおっしゃる正直な信仰生活があるのでしょう。娑婆に溺れて、愚痴にのみ生きるのではありません。娑婆に生きつつ、浄土をも体験させていただき、喜んで娑婆を生きる。やがて肉体が朽ちたとき、真の浄土に生まれさせていただく。ここに、聖人の生き方があると私は考えますし、ここに腹の座った信心生活があると思えます。

また聖人は、八十八歳のとき、常陸国奥郡《ひたちのくにおうぐん》に住んでいたといわれる門弟乗信への書簡に、去年と今年は多くの人が亡くなったが、無常であることは仏さまが説かれたことであり驚くことはない。死に方の善悪も問題ではないとして、次のように書いておられます。

まず、善信が身には、臨終の善悪をばもうさず、信心決定のひとは、うたがいなければ、正定聚に住することにて候うなり。（中略）ひとびとにすかされさせたまわで、御信心たじろかせたまわずして、おのおの御往生候うべきなり。（『末燈鈔』聖典六〇三頁）

文中の「善信」は聖人のことですが、この文の意味は次のようなものです。まず私親鸞としましては、臨終の善悪は問題にしません。信心をいただいて心の定まった人は疑いというものがありませんから、浄土に生まれさせていただく身となっているのです。人々にだまされないで、たじろぐことなく信心を保ち、お浄土に生まれさせていただかなければなりませんというものです。

高齢者となり、次々と身内や友人を失い、身体も衰え、孤独な状況に追いこまれ、どんなに心が迷っても、阿弥陀さまにだけは見守られ、正定聚としていただいているという意識だけは、しっかりともたねばならないと、聖人ならおっしゃってくださるでしょう。正定聚の身であるという信念こそが、老後を絶望から希望に変える唯一の鍵であると、私は考えています。

じつは、先の多臓器不全で往生されたやよさんの、「おらは、もうお念仏のお陰で正定聚や。だからして、臨終に良いも悪いもない。ひとの臨終をとやかく言うもんでないぞ」という言葉は、聖人の死の考え方をしっかりと信念になさった言葉であり、主体的に死を受け入れられた言葉だと思います。高齢者の生き方を見事に貫いたものであると、私は尊敬しています。高齢者の悩みに直面する我々は、この老婆の心構えにしっかりと学ぶべきだと思います。

さて、こうして聖人の死の見方、考え方について学んできましたが、正定聚とか浄土、往生などについて、まだぴったりと実感できない方もおられることと思います。聖人の信仰の核心に触れることなく、いきなり正定聚の問題に触れたからです。そこで、これらの言葉の意味をもう少し具体的に、しかも深く実感するため、ここで聖人が深い信仰に至られた心の軌跡をたどり、聖人の信仰そのものについて理解しておきたいと思います。

二　親鸞聖人の信仰

信仰を得られるまでの歩み

親鸞聖人は、九歳になられた養和元（一一八一）年、青蓮院の慈円のもとで得度を受けられます。翌年慈円とともに比叡山に入山され、東塔、無動寺大乗院に入られたとされています。

比叡山では、僧になるには成年に達しなければならず、それ以前は沙弥（見習い僧）の生活をし、ひたすら仏教を学ぶ時期でした。九年間の見習い時代が過ぎて成人された聖人は、常行三昧堂で不断念仏などを行なう地位の低い僧である堂僧となられました。

聖人は、必死に求道に励まれるのですが、迷いを振り払うことも、煩悩を断ち切ることもできませんでした。求道に疲れはて、挫折と絶望に打ちひしがれながらもひたすら耐えぬこうとされますが、とうとう二十九歳の時、山をおりる決心をされます。そして、聖徳太子の創建とされる頂法寺の六角堂に籠ることになさいました。

百日のあいだ六角堂に籠る決心をされた聖人は、不眠不休で本尊である観音菩薩に対坐し、ご自分の行くべき道を問い続けられます。三か月を過ぎた九十五日目の明け方、疲労の極限に達し、不覚にもうとうとと眠りはじめてしまわれました。しかしこのとき、観音菩薩が親鸞聖人の目の前に現れてくださる夢を見られたのです。

本願寺第三世、覚如上人の書かれた『御伝鈔』には、次のようにしるされています。

> 六角堂の救世《くせ》菩薩《ぼさつ》、顔容端厳《げんようたんごん》の聖僧《しょうそう》の形を示現《じげん》して、白衲《びゃくのう》の袈裟《けさ》を着服《ちゃくぶく》せしめ、広大の白蓮華《びゃくれんげ》に端坐《たんざ》して、善信《ぜんしん》に告命《ごうみょう》してのたまわく、「行者宿報設女犯《ぎょうじゃしゅくほうせつにょぼん》　我成玉女身被犯《がじょうぎょくにょしんぴぼん》　一生之間能荘厳《いっしょうしけんのうしょうごん》　臨終引導生極楽《いんどうしょうごくらく》」。
> （聖典七二五頁）

この文の内容は、次のようなものです。六角堂の救世観音は、端正でおごそかなお顔をなさり、白い袈裟を召されて大きな蓮の華の上にきちんとお座りになって、こう告げてくださいました。「もし修行者のあなたが、過去世の業報によって女性を求めるならば、私は玉のように美しい女性となって添いとげ、あなたを浄土に生まれるよう導いてあげましょう」というものです。

観音菩薩みずからが親鸞聖人の妻となり、添い遂げ、浄土に生まれるべく導こうとされていることを聞かれた聖人は、感動をもって気づかれたのです。異性を求めることは仏教の教えに反しない、求道の障害にもならない。さらには、人間の煩悩のすべてを否定する必要もないし、滅ぼすこともない。それらすべてを背負ったまま、じつは仏さまのほうから導いてくださっているのだと。だからこそ、修行する能力のない者、その時間すらもたない人間であっても救われるのであり、戒律を守れないままに、さらには戒律を守ることなくして、仏の救いにあずかるのであると。このような思いは、すでに法然上人の信仰に通じるものがあります。

比叡山の常行堂で、十年ほど不断念仏を修してこられた聖人は、比叡山をおりて京都の市井の吉水で念仏の教えを説き、広く人々の帰依を集めておられた法然上人の教えには、すでに強い関心をよせておられたはずです。そこで、この六角堂夢告をきっかけとして、聖人は、法然上人にお念仏の真意を問うことを決意されたのです。

法然上人のもとで

吉水の法然上人のもとに行かれた聖人は、すぐに心の平安を得られたわけではありません。聖人の苦悩は、それほど軽いものではありませんし、それほど軽い人でもなかったのです。百日のあいだ、現在の知恩院の近くにあった吉水の草庵に通いつめられます。比叡山で得た天台教義や常行堂で修しておられた不断念仏と、法然上人の説かれる念仏の教えを比較し、執拗に法然上人の信仰を聴きとろうとなさったはずです。

聖人の奥様の恵信尼は、「百か日、降《ふ》るにも照《て》るにも、いかなる大事《だい》にも、参《まい》りてありしに」（『恵信尼消息』聖典六一六頁）と書簡に書いておられます。聖人が、百日のあいだ、降る日も照る日も、どんなことがあっても必ず通われたというのです。徐々に聖人の胸中に変化が起こりはじめ、しだいに法然上人の念仏の教えが親鸞聖人の心に入りはじめます。

こうして、聖人の心を、法然上人の念仏の教えに導いたものは何であったのでしょうか。法然上人は、四十三歳のとき、中国の善導大師が著わされた『観経疏』を読み、それまでの苦悩が一気に氷解してしまいました。そして、ただ一心にひたすら念仏する、これこそが本当の行だ。なぜなら、このことこそが、善導大師のいわれるように「仏の願に順ずるが故」であると気づかれたからです。阿弥陀さまは、ひたすら人々を救おうと願っておられる。その仏の願いにこたえるには、自分の力に頼って何かをするのではない、仏の呼び声に素直にこたえ、念仏するだけでよい。それがすべてなのだと気づかれたのです。法然上人の、どのような批判、非難にも動じず、おだやかに生きる姿の背後に、法然上人を生かしている阿弥陀さまの願い、すなわち本願の力を聖人は感じとられたのです。

あらためて聖人は、阿弥陀さまの本願に思いを馳せられます。それまで聖人は、阿弥陀さまに近づこう、あるいは阿弥陀さまに救われるに値する人間になろうと努めてこられました。しかしこれは、阿弥陀さまの心を無視することであったと気づかれたのです。修行する余裕のある聖人であれば、それもある程度可能であったでしょう。しかし行をする時間も能力もない人間はどうすればよいのか、永遠に救われないのではないか。このような人々のために、仏みずからが救いを用意してくださっていたのです。救いに身をまかせることが、すべてだと気づかれたのです。

じつは、この阿弥陀さまは、仏になる以前の法蔵菩薩のとき、「一切の苦悩する衆生」を悲しみ憐れみ、長く苦しい思索ののち、ただ私を信じその名を呼ぶだけで苦悩を離れさせうると気づかれ、我々に呼びかけてくださっていたと、親鸞聖人は知らされたのです。阿弥陀さまご自身が、すでに聖人以上に苦労してくださっていたと気づかれたのです。ほかでもなく、この衝撃的な気づきが、聖人の回心となったのです。

親鸞聖人の信仰の独自性

聖人が、生涯をかけて執筆なさった『教行信証』の「信巻」を取りあげてみます。この「信巻」は、阿弥陀さまが『無量寿経』（大経）に誓ってくださった第十八願にもとづいて、真実の信心は自力の信心ではなく阿弥陀さまのほうから回向されるもの、我々からすればそのままいただくものであることについて詳細に論じられたものですが、聖人はこの「信巻」のはじめに『無量寿経』に説かれている第十八願を引用されています。

『大経』に言《のたま》わく、設《たと》い我《われ》仏を得たらんに、十方《じっぽう》の衆生《しゅじょう》、心《しん》を至《いた》し信楽《しんぎょう》して我が国に生まれんと欲《おも》うて、乃至十念《ないしじゅうねん》せん。もし生まれざれば正覚《しょうがく》を取らじと。ただ五逆と誹《ひ》謗正法《ほうしょうぼう》を除く、と。（聖典二一二頁）

現代語に訳してみますと、「『無量寿経』には、次のように説かれている。もし私（阿弥陀さまの前身の法蔵菩薩）が、仏になるとき、あらゆる世界に住んでいる人々が、心の底から私を信じ喜び、私の浄土に生まれたいと願い、ただ一声念仏をとなえるだけであっても、浄土に生まれることができないようなら、私はけっして仏にはなりません。ただ、五逆の罪を犯した者と仏の教えを誹謗する者は除く、と」というものです。

法然上人に導かれた聖人は、この第十八願に心を奪われたのです。何の行も必要なく、ただ仏を信じ、念仏をとなえさえすればよい。そうでなければ、仏にならないとまで誓ってくださっているのですから。ということは、何の修行もできない人間のために、阿弥陀さまご自身が全心をささげてくださっているのです。聖人は、そう受け取っておられるのです。聖人においては、人間自身というより、仏さまの人間へのはたらきかけに全関心が向けられているのです。これは、先に述べた六角堂で観音菩薩がみずから聖人の妻にまでなろうとしてくださっていると気づいた、その気づきの延長線上にある発想であり、聖人の信仰の独自性の根幹にある発想です。阿弥陀さまご自身の親鸞聖人へのはたらきかけを徹底的に聴きとろうとするところに、聖人の信仰の独自性があるのです。

その証拠に、聖人は、最後に書かれている五逆（父を殺す・母を殺す・尊い修行者を殺す・仏身を傷つける・法を聞く者の和合を乱す）と正法を誹謗する人間を除くという表現も、阿弥陀さまの真意をたずねれば、たんに除いたり排除するのではなく、念仏させることによって除かれないようにさせようとされる阿弥陀さまご自身の我々に対する強いはたらきかけであると読み取られるのです。たとえば「信巻」には、善導大師の「散善義」の文を引用して、次のように書いておられます。

ただ如来、それこの二つの過《とが》を造らんを恐れて、方便《ほうべん》して止《とど》めて「往生《おうじょう》を得ず」と言《のたま》えり、（聖典二七六頁）

阿弥陀さまは、人がこの二つの罪をおかすことを恐れて、方便としてこのような罪をおかすと往生できなくなるぞとおっしゃってくださっているのであり、けっして除こうとしておられるのではない。何とかして、全員を往生させようと考えてくださっているのだということです。そのような善導大師の解釈を、聖人は、そのままに受け止めておられるのです。こうしてあらゆる者を、特にこうした罪をおかす救われがたい人々を救い取ろうとしてくださる如来の願い、誓いに、聖人は全身全霊を傾け、そのご意志を問おうとされたのです。

その結果、その本願を成就なさったという本願成就文を、それまでの人が読んだこともない読み方で読まれ、聖人独自の信仰を得られることになります。『無量寿経』の中の本願成就文は、漢文では次のように書かれています。

諸有衆生、聞其名号、信心歓喜、乃至一念。至心回向。願生彼国、即得往生、住不退転。唯除五逆　誹謗正法。（聖典四四頁）

この漢文を、聖人は次のように読まれます。傍点の部分に注意してください。

諸有衆生《あらゆるしゅじょう》、その名号を聞きて、信心歓喜《かんぎ》せんこと、乃至《ないし》一念せん。至心に回向せしめたまえり。かの国に生まれんと願ずれば、すなわち往生を得、不退転に住せん。ただ五逆と誹《ひ》謗《ほう》正法《しょうぼう》とをば除く、と。（「信巻」聖典二一二頁）

この文を現代語訳してみると、次のようになるでしょう。「あらゆる人々が阿弥陀さまの名を聞いて信じさせていただき、喜びにみちて一度でも念仏もうすとき、じつはその行為はすべて阿弥陀さまが真心によって人々に回向してくださっていたのである。そのお陰で浄土に生まれたいと願うとき、たちどころに浄土に生まれさせていただき、不退転の境地に住まわせていただけるのである。ただ五逆をおかす者と正しい法を謗る者は除かれてしまうから、それをやめ、くれぐれも如来の回向に気づかせていただきなさい」。

普通の漢文の読み方であれば、仏の名を聞き、信心をおこし、喜んで一度だけでも念仏してこの功徳を回向して浄土に生まれようとするという意味で「至心に回向す」と読むところですが、聖人は信心も念仏も、すべて如来のほうから与えられていると受け取り、「至心に回向せしめたまえり」と読まれたのです。これは驚くべき読み方です。信じようとする努力も、念仏しようとする行為も、もはや人間のほうから出るものではないということだからです。

法然上人においては、みずから念仏を用意して与えてくださったのは阿弥陀さまですが、念仏もうすことは人間の行でした。しかし、聖人においては、念仏すら阿弥陀さまのほうの行でした。表現を変えれば、人間の中で、阿弥陀さまが念仏もうしてくださっているということでもあります。これほどに、聖人は、阿弥陀さまの心を深く感じ取られたともいえるのです。他力の根本を発見されたともいえますし、絶対他力の境地に至られたともいえるでしょう。ですから、五逆と誹謗正法の者についても、文章をそのまま文法的に読めば救いからはずれるのですが、聖人によれば正に救いの対象となっているのです。

さてここまできて、「正定聚」「浄土」の問題を、もう一度考えてみましょう。右にあげた第十八願成就文の、「かの国に生まれんと願ずれば、すなわち往生を得、不退転に住せん」の部分に注目してみます。

阿弥陀さまと一緒に生きていれば、浄土に生まれるために何かをする必要はなくなります。信心も念仏もすでに阿弥陀さまから用意されていますので、そのままいただき、ちょうだいすれば、浄土に生まれることは阿弥陀さまのほうで実現してくださるからです。もはや何事が起こっても、動揺することがなくなります。不退転の境地に住み、正定聚の身にしていただいているからです。臨終も問題にはなりません。先にあげた老婆は、このことを身をもって示してくれています。

このように、不退転の身となって生きる姿勢、この姿勢こそが、高齢化社会の今、必要だと私は思うのです。この姿勢を、高齢者自身が確立すれば、この先何年生きることになっても、しっかりと自分を保ち、主体的に生きることができるからです。また、かりに認知症になり自分を失うようなことになっても、凶暴な認知症などになる確率は低いでしょうし、この人は、阿弥陀さまから守られている人だから心配ないと、周囲の人々も安心して介護ができるはずです。いずれにしても、阿弥陀さまに正定聚の身にしていただいているという確信は、高齢化社会に生きる人に自信を与えることでしょう。

では、次に死後どうなるかという問題に移りたいと思います。聖人の来世観（浄土観）について、ここで具体的に考えておきたいのです。浄土については少し触れましたが、もう一歩深くその意味をたずね、理解しておきたいと思うのです。それによって、死の見方は変わり、安心して受け入れられるものになるからです。

三　浄土とは

死後の世界が説けない僧侶

ある雑誌の投稿欄に、こんなことが書かれていました。仏教の経典には「確かにあの世はある」と説かれているのに、最近の僧侶はあの世の話ができない。さらには、僧侶は「伝統仏教の教えを、現代の高度な知性と科学文明の中に生きる若い人々に、どのように適合させて説こうというのだろうか」とも書かれていました。これを読んで、研究者として、また真宗の僧侶として生きている私は、とても胸が痛みました。しかし、この投稿者のように考えておられる方は多いと思います。

また葬儀が終わると、喪主による会葬御礼の挨拶があるのが通例ですが、その際、多くの喪主が、「本日はご会葬いただきましてありがとうございました。今頃、父は天国で喜んでいることと思います」などとおっしゃる。これを聞くと、私はがく然としてしまいます。真宗の葬儀をいとなまれたのですから、天国ではなく、せめて「父は今、お浄土に往生させていただき」などといってほしいのですが、天国になってしまうことが多いのです。

しかしこれは、浄土を現代人にわかりやすく、的確に説けない僧侶の責任であり、私自身の責任でもあります。何とかして、聖人の説かれる浄土というものを、もっと身近なものとして知っていただき、現代の高度な知性と科学文明の中で違和感なく受け入れられ、一つの新しい世界観として、科学的世界観と両立させ、特に高齢者の人生観を豊かにし、充実させる見方として受け入れてもらいたいと思うのです。

死はすべてが終わること、死の先は何もない。死んでしまえばすべてが終わりという、一般にいわれる世界観を超えて、もっと明るい意味のある「浄土」的世界観を現代に伝え、希望のない老後、意味のわからない死、死んだらどうなるか、どこへ行くのかなどと悩んでおられる方々に、何とかおこたえしたいと思うのです。

浄土について理解していただければ、人生の先行きがはっきりしてきます。年をとることも、病むことも、死ぬことも、死後のことも、それぞれのもつ意味がわかるようになってくるはずです。意味がわかれば希望もわいてきます。

じつは、聖人のおっしゃる浄土は、たんなる死後の世界でもなく、死後にだけ行くようなところではありません。今、ここで出会い、喜び、体験できるものでもあります。今すぐに体験し、生きていることを喜び、死の意味を理解し、死後を楽しみにできることでもあるのです。

そこで、聖人の考えられた新しい浄土の意味を一層鮮明にするため、従来の仏教で説かれてきた浄土の意味、さらには聖人以前の恵心僧都源信や法然上人はその浄土をどうとらえ直されたのか、解釈し直されたのかを見ておきたいと思います。

浄土とはどのようなところか

浄土について知ろうとする場合、まず仏教の考え方の特徴をしっかり知っておく必要があります。「成仏」という言葉があるように、仏教では仏は人間が成るものであるという特徴があります。この点がキリスト教やイスラム教の神とは決定的に違う点です。キリスト教やイスラム教の神は、人間が成るものではないからです。

仏教の開祖釈尊も人間でしたが、すべての煩悩を離れ、悟りを得て、仏（Buddha、仏陀、覚者）に成られたのです。ですから釈迦仏ともいわれます。釈尊のほか多くの人間が仏に成りました。このためキリスト教などの一神教に比較して、仏教は多神教であるともいわれています。

じつは、このような仏が住む世界を「浄土」というのです。このような浄土は、煩悩を離れた仏の住む境地ですから、浄らかであるため浄土（浄刹《じょうせつ》、浄界、浄国）といい、反対に煩悩に穢《けが》れた者の住む世界は穢土《えど》（穢国）といわれてきました。心が浄らかになれば住む世界も浄らかになり、煩悩に染まれば住む世界も穢れた世界になるからです。

ところで、仏教では、さまざまな浄土が説かれてきました。代表的な浄土に、阿弥陀仏の「西方《さいほう》極楽浄土」、阿閦仏《あしゅくぶつ》の「東方妙喜世界《とうほうみょうぎせかい》」、釈迦仏の「西方無勝世界」、薬師仏の「東方浄瑠璃《じょうるり》世界」、弥勒《みろく》菩薩の「兜率天《とそつてん》」、観音菩薩の「普陀落山《ふだらくせん》」、毘盧遮那仏《びるしゃなぶつ》の「蓮華《れんげ》蔵《ぞう》世界」などがあります。最もよく知られている浄土は、何といっても阿弥陀仏の西方極楽浄土でしょう。

ここでは、この西方極楽浄土について考えてみますが、この浄土については、「浄土三部経」つまり『無量寿経《むりょうじゅきょう》』『観無量寿経《かんむりょうじゅきょう》』『阿弥陀経』の三部の経典に説かれていますので、まずこれらの経典に描写されている浄土について、少し紹介しておきます。

この西方極楽浄土は、我々の住んでいる世界から西方に向かって十万億の仏の住む世界のむこうにあるとされ、たとえば次のように神話的に描かれています。ここでは、漢訳から引用してみます。

その仏国土には、自然《じねん》の七宝、金・銀・瑠璃・珊瑚・琥珀・硨磲・碼碯、合成《ごうじょう》して地とせり。恢廓曠蕩《かいかくこうとう》として限極《げんごく》すべからず。（其《ご》仏国土《ぶっこくど》、自然七宝《じねんしっぽう》、金銀瑠璃《こんごんるり》　珊瑚琥珀《さんごこはく》　硨磲碼碯《しゃこめのう》、合成為地《ごうじょういじ》。恢廓曠蕩《かいかくこうとう》、不可限極《ふかげんごく》。）（『無量寿経』聖典二八～二九頁）

つまり、この浄土には金・銀・瑠璃・珊瑚・琥珀・硨磲・碼碯の七宝でできた大地が限りなく広がっている、と描写されています。

また次のようにも描かれています。

極楽国土には、七宝の池あり。八功徳水その中に充満せり。池の底にもっぱら金沙《こんしゃ》をもって地に布《し》けり。（極楽国土、有七宝池《うしっぽうち》。八功徳水《はっくどくすい》　充満其中《じゅうまんごちゅう》。池底純以《ちていじゅんに》　金沙布地《こんしゃふじ》。）（『阿弥陀経』聖典一二六頁）

極楽浄土には七宝の池があり、池には、清らか・つややか・臭いがない・やわらか・美しいなどという、八つの功徳をそなえた八功徳水がたたえられ、池の底には黄金の砂が敷きつめられているというのです。

さらには、次のようにも説かれています。

かの仏国土には、微風《みふう》、もろもろの宝の行樹《ぎょうじゅ》および宝の羅網《らもう》を吹き動かすに、微妙《みみょう》の音《こえ》を出《い》だす。（彼仏国土《ひぶっこくど》、微風吹動《みふすいどう》　諸宝行樹《しょほうぎょうじゅ》　及宝羅網《ぎっぽうらもう》、出微妙音《しゅつみみょうおん》。）

（『阿弥陀経』聖典一二八頁）

つまり、迷いの心をやわらげるそよ風が吹き、宝石で飾られた並木や鈴をつけた宝羅網《ほうらもう》という網をゆすり、何ともいえない美しい音色が聞こえてくると描写されています。

このような描写が、幾重にも続きます。現代人からすれば、美しい世界であるとは感じても、どこか夢物語の世界のようにも思えてしまうでしょうし、即物的で人間の願望が裏返しになっている世界のようにも感じてしまうでしょう。どうしてこれほど飾り立てなければいけないのかと思ってしまうのが、正直なところだと思います。

しかし、少し落ち着いて考えてみる必要があるでしょう。現代人から見れば、たしかにこのような描写は、人間の欲望の極致を描いたようにも見えますが、もちろんそのようなことを目的にしてはいません。欲望を抑え、できれば断ち切ろうとするのが仏教の理想だからです。欲望を満たすために浄土に生まれたいなどと思うことは、仏教の理念にはまったく反することだからです。

そうだとすれば、このような神話的な表現の奥にある本当の意味を聞き出さなければならないでしょう。じつはこの神話的な表現に隠された浄土の真の意味を問いただす歴史が、浄土教の歴史でもあったと思われますが、ここでまず日本浄土教の代表者である恵心僧都源信と、法然上人の浄土観に触れておきます。そしてその後、親鸞聖人の新しい独自の浄土観を見出してみましょう。

源信上人の浄土

日本天台宗の開祖、伝教大師最澄《さいちょう》（七六七～八二二）に師事した慈覚大師円仁《えんにん》（七九四～八六四）は、唐にわたり、天台教学、密教、五台山念仏などを学ばれました。帰国後、比叡山に常行三昧堂《じょうぎょうざんまいどう》を建立し、昼夜の区別なくただひたすら念仏をとなえ、阿弥陀如来像を安置した須弥《しゅみ》壇《だん》のまわりをめぐる常行三昧法を実践されました。これは来世に阿弥陀如来の西方浄土に往生することを願って行なうもので、不断念仏ともいわれます。彼は、日本の念仏者の第一号であるともいわれています。若き親鸞聖人も、この三昧堂で不断念仏をとなえておられました。

また比叡山中興の祖とされ、浄土教の教学を整備、体系化した慈慧大師良源《りょうげん》（九一二～九八五）に師事したのが、通称恵《え》心僧都《しんそうず》といわれる源信《げんしん》上人（九四二～一〇一七）なのです。九歳で比叡山にのぼり、十三歳で得度《とくど》受戒《じゅかい》、横《よ》川《かわ》恵《え》心院《しんいん》で修行し、のちに著作にも励むようになられ、寛和元（九八五）年には代表作『往生要集《おうじょうようしゅう》』を著わされました。

よく知られているように、『往生要集』のはじめには、穢《けが》れたこの世に執着しないようにと「厭離穢土《えんりえど》」が説かれ、迫力にみちた地獄の描写がされています。これによって、日本人の来世観に地獄の思想が植えつけられるようになったといわれますが、その『往生要集』で注意すべきは、「序文」の冒頭に、「それ往生極楽の教行《きょうぎょう》は、濁世《じょくせ》末代の目足《もくそく》なり」（『往生要集』、『日本思想大系6　源信』一〇頁、岩波書店、一九八五年）というように、極楽に往生するための教えと修行こそは、穢れにみちた末世の人を導く眼となり足となるといわれている点です。人間の罪、穢れを徹底的に暴きつつ、「欣求《ごんぐ》浄土《じょうど》」つまり心から喜んで浄土に往生することを求めさせようとされ、そのために念仏の教えを説き、「臨終行儀《りんじゅうぎょうぎ》」を説かれたのです。

「臨終行儀」とは、死に際して行なう儀式のことですが、源信上人が『往生要集』の巻中でこの「臨終行儀」という項目を立てられたために、広く知られるようになりました。この中で、唐の道宣《どうせん》（五九六～六六七）、善導《ぜんどう》（六一三～六八一）などの教えを紹介しつつご自分の考えを述べられますが、まず道宣の『四分律行事鈔《しぶんりつぎょうじしょう》』の引用からはじめられます。この書物は四部からなる律の代表的な経典で中国や日本の仏教に深い影響をおよぼしたものですが、ここには次のようなことが書かれています。

インドの祇園精舎《ぎおんしょうじゃ》の西北の角の日没の方向に、病人を収容する無常院という施設を造り、病人が出ればその中に安置する。この堂の中には一体の立像を置き、金箔を塗り、面を西方に向ける。像の右手はあげ、左手の中には五色の細長い布をつなぎ、病人を安心させるために、病人を像のうしろに置いて左手に布のはしを握らせる。仏に従って浄土に往生する思いを起こさせるのである。そして看病する者は香をたき、華を散らして病人の周囲をととのえ、屎尿《しにょう》などがあればこれを取り除くなどと書かれています。

浄土に往生するようにと病人を隔離し、病人の手と像の手をつなぎ、死が到来しても仏の導きによって浄土に往生できるという、いわばイメージ作りをするのです。

次に善導大師の文を引用し、次のように述べられます。

行者たちは病気であってもなくても、命を終わろうとするときには、身と心を正しくととのえ、西に向かい心を集中して阿弥陀仏を観想し、口には念仏をとなえ、心には蓮華台に乗った阿弥陀仏二十五菩薩による来迎引接《らいこういんじょう》を観想しなさい。病人がこのような来迎を見たならば看病する人に向かって話しなさい。話したことを看病人は記録しなさい。もし話すことができないようなら、看病しながらどんなことを見たかを問いただし、罪相について話したなら、そばにいる人は念仏をとなえてあげなさい。一緒になって懺悔し、罪を滅ぼしてあげなさい。

このように引用しながら、源信上人は死への準備、浄土に往生する過程をイメージ化されるのです。

こうして死の苦痛を和らげ、阿弥陀さまの浄土に生まれる努力がなされます。阿弥陀さまの像は、立像や坐像のような像だけではなく、絵像も作られました。たとえば、山越《やまごえ》阿弥陀像などが作られ、実際京都の金戒光明寺《こんかいこうみょうじ》の像などは、そこに描かれた阿弥陀仏の手に五色の糸が結ばれ、その先端をにぎり往生を願う臨終の行儀に使われました。

ちなみに、栄華をきわめた藤原道長（九六六〜一〇二七）も『往生要集』を読み、臨終行儀を実践しました。道長の臨終については、『栄華物語』巻第三十「つるのはやし」に、次のように述べられています。危篤におちいった道長は、法成寺《ほうじょうじ》の九体《くたい》阿弥陀堂に移されましたが、立てた屏風《びょうぶ》の西方だけを開けさせられ、北枕西向きに横向きになって、阿弥陀如来と向き合われた。手には弥陀如来の手から引かれた糸を握られ、ただひたすら僧たちの不断念仏を聞き、自身も念仏をとなえられた。そして念仏の声の怠《おこた》りないことによってのみ、存命であることがわかる状態であり、いざ臨終のときも口を動かしておられたのは、念仏をとなえておられたからのようであった。

さらに、『往生要集』の書かれた翌年、寛和二（九八六）年、比叡山横川《よかわ》の首楞厳院《しゅりょうごんいん》で、二十五名によって二十五三昧会《ざんまいえ》という会が開かれることになります。源信上人が中心となり、規則や作法が『横川首楞厳院二十五三昧起請《きしょう》』として定められました。その冒頭には、この念仏三昧は、極楽往生を願うために今日からそれぞれが命終わるまで、毎月十五日の一晩、そろって不断念仏を修するよう、皆で相談されたということがしるされています。

この日は未《ひつじ》のとき（午後一～三時）に集まり、申《さる》のとき（午後三～五時）には『法華経』などを講説し、起請文《きしょうもん》を読み、その後七時ごろから夜を徹して翌朝七時まで念仏をとなえよう。この念仏は、十万億の国土を通過して西方極楽浄土に至る仲立ちになるだろう。その後は、五体を地になげうって阿弥陀如来を礼拝することにしよう。また、死に臨んでは極楽往生疑いないことを願う礼拝を行なおうというものでした。

さてこのような源信上人の考え方で注意すべきは、浄土に往生するのは明らかに死後のことであるという点です。仏を信じ、念仏をとなえることが、臨終の際、浄土に往生するための仲立ちになると考えられているからです。

法然上人の浄土

源信上人没後、約百年たって法然上人が出現されますが、臨終行儀のあり方も大きく変えられることになります。そこで、法然上人の死の迎え方について考えてみます。

承元元（一二〇七）年十二月八日、流罪の身となっていた法然上人に勅免の宣旨が下りますが、洛中への出入りは禁じられたため、讃岐から摂津国勝尾寺に移られました。ここで念仏三昧の生活を送られますが、建暦元（一二一一）年十一月十七日、ついに帰洛が認められ京都にもどられました。そして東山大谷に住まわれることになったのですが、その直後の建暦二年、正月二日から病床に臥す身となられます。法然上人の法語・行状を収録した書で親鸞聖人の編と推定されている『西方指南抄《さいほうしなんしょう》』の「法然聖人臨終行儀」によると、翌日三日の午後八時ころ、こんな会話があったとされています。

われはもと天竺《てんぢく》にありて、声聞僧《しゃうもんぞう》にまじわりて頭陀《づだ》行《をぎゃう》ぜしみの、この日本にきたりて、天台宗に入《いり》て、またこの念仏の法門にあえりとのたまひけり。その時看病の人の中に、ひとりの僧ありて、とひたてまつりて申すやう、極楽へは往生したまふべしやと申《まふし》ければ、答《こたえて》のたまはく、われはもと極楽にありしみなれば、さこそはあらむずらめとのたまひけり。（定親全五、一三三頁）

この文の意味は、私は、もともとインドにいて、修行僧にまじわり、托鉢《たくはつ》をしていた。この日本に生まれ変わって天台宗に入り、この念仏の教えに会うことができたと、法然上人がおっしゃった。そのとき、看病人の中の一人の僧が、本当に極楽に往生なさるのですかと申し上げると、私はもともと極楽にいた身ですから、ただそこにもどっていくだけだ、とお答えになったというものです。

自分はもともと極楽浄土にいたが、その極楽からしばらくこの娑婆に来たまでだから、死ねばまちがいなく浄土にもどっていくと、法然上人は答えておられるのです。何の不安もないかのようです。この点で、臨終行儀を実践し浄土に生まれようと努力されていた源信上人の態度とは、違いがあることがわかります。また、次のような話もしるされています。

臨終のれうにて、三尺の弥陀の像をすゑたてまつりて、弟子等申《まふす》やう、この御《おむ》仏をおがみまいらせたまふべしと申侍《はべり》ければ、聖人のたまはく、この仏のほかにまた仏おはしますかとて、ゆびをもてむなしきところをさしたまひけり。（定親全五、一三五頁）

臨終にそなえて、弟子たちが高さ三尺の阿弥陀像を法然聖人の部屋にすえ、この仏さまをおがんでくださいと申し上げると、聖人はその像ではなく、像のないところを指さし、いつも念仏もうしている仏さま以外には仏さまはいらっしゃらないのです、とお答えになったという話です。源信上人が、臨終の作法として阿弥陀仏像を部屋に持ちこまれたのとは違った態度がここにあります。

法然上人は、こうして儀礼的な臨終行儀、臨終念仏を否定し、阿弥陀さまが願ってくださった本願と念仏に身をまかせきられたのです。往生は臨終にとなえる念仏によるものでもなく、ましてや来迎によるものではないとおっしゃるのです。

浄土に還えられる二日前の、一月二十三日、弟子の源智《げんち》の求めに応じて、没後の異義を防ぐために所存をしるされた『一枚起請文《いちまいきしょうもん》』には、次のように述べられています。

たゞ往生極楽のためニハ、南無阿弥陀仏と申《もうし》て、疑《うたがい》なく往生スルゾト思《おもい》とりテ、申外《もうすほか》ニハ別ノ子《し》さい候ハず。（中略）此外《このほか》ニをくふかき事を存ぜバ、二尊《にそん》ノあハれみニハヅレ、本願ニもれ候べし。（日本思想大系10『法然　一遍』一六四頁、岩波書店、一九八三年）

極楽浄土に往生するためには、ただ南無阿弥陀仏ともうして疑いなく往生させていただけると思い決めてもうすほかには、別の理由はありません。このほかにあれこれ考えるようなことをすれば、私たちのことを思いやってくださった釈尊と阿弥陀さまのあわれみからはずれ、本願の対象からもれてしまうでしょうというものです。こうして臨終の作法にこだわらず、ただ阿弥陀さまのあわれみに身をゆだねる大切さを説かれたわけです。

では最後に、阿弥陀さまに身をゆだねることによって導かれる極楽浄土についての、法然上人の見方に触れておきます。『西方指南抄』の「三昧発得記《ざんまいほっとくき》」によれば、法然上人六十六歳の建久九（一一九八）年正月のことが、次のようにしるされています。

一日桜梅《やまもゝ》法橋教慶《のほふけうけうけい》のもとよりかへりたまひてのち、未申《ひつじさる》の時《とき》ばかり、恒例正《こうれいしゃう》月七日、念仏始行《しぎゃう》せしめたまふ。一日明相少《すこし》これを現《げん》じたまふ、自然《じねんに》あきらかなりと。云々
二日水想観《しゐさうくわん》自然にこれを成就《じゃうじゅ》したまふ。云々　惣《そう》じて念仏七箇《か》日の内《うち》に、地想観《ちさうくわん》の中に琉璃《るり》の相少分《さうせうぶん》これをみたまふと。二月四日朝《のあした》、琉璃地《るりぢ》分明《ふんみゃう》に現《げん》じたまふと云。
（定親全五、一一三～一一四頁）

この文の意味は、一日、法然上人は桜梅にお住いの教慶《きょうけい》という僧のところからお帰りに

なったあと、午後三時ごろから恒例になった正月七日間の念仏行をはじめられた。最初の一日には西に沈む太陽を心に念じる日想観《にっそうかん》をなさり、自然に周囲が明るくなってきたと話された。二日には清らかな水を観じる水想観を成就された。七日間の念仏行のあいだに、地想観の中に浄土が瑠璃でできていることも少々観られたという。二月四日の朝には、瑠璃でできた大地をはっきりとご覧になったといわれているのです。

『観無量寿経』にしるされている観想を実践されているのですが、このように観想なさるということは、ほかでもなく西方に極楽浄土が実在するという思いの上に実践されているのであり、やはり臨終を期として美しく荘厳《しょうごん》された浄土に往生すると考えておられるのです。親鸞聖人のように、現世で今、浄土に往生するというような発想には立っておられないと考えられます。

いずれにせよ、このような発想が、法然上人の浄土観の基盤になっている点を確認しておきたいと思います。

四　親鸞聖人は死後の世界をどう考えられたか

親鸞聖人の浄土

聖人は、源信上人や法然上人の浄土の見方を大きく変えてしまわれました。変えたというより、お二人の浄土観を考えぬいた結果、お二人が本当におっしゃりたかったことはこういうことだったと、いおうとなさったのではないかと思います。

聖人は、浄土に生まれるのは死ぬとき、つまり臨終のときではなく、阿弥陀さまを信じることができた、まさにそのときであるといっておられます。たとえば『末燈鈔』に、

信心《しんじん》のさだまるとき、往生またさだまるなり。来迎《らいこう》の儀式《ぎしき》をまたず。（聖典六〇〇頁）

とおっしゃっているのです。浄土に生まれるのは信じる心が定まったときであって、従来臨終の際に行なわれてきた来迎の儀式を待つのではないといわれるのです。臨終に至って一生懸命に念仏をとなえたり、来迎の儀式をして浄土に生まれようとするのではなく、生きている今、ここで信心をいただき、浄土に住まわせていただきなさいとおっしゃっているのです。信心をいただくことによって、迷いから目覚め、喜びに包まれて生きる世界が浄土だとおっしゃっているのです。遠くにある浄土に行くのではなく、今自分が生きる場

が浄土に変わるのです。信心をいただいた瞬間、浄土に出会っているともいえるでしょうし、浄土が開かれてくるともいえるでしょう。

ですからこの浄土は、はるか遠くに実在する美しくきらびやかな世界ではありません。聖人は、従来いわれてきた「極楽浄土」を「涅槃界」と言い換え、たとえば『唯信鈔文意』には次のように書いておられます。

「涅槃界《ねはんがい》」といふは、無明《むみょう》のまどいをひるがえして、無上涅槃のさとりをひらくなり。

（聖典五五三頁）

つまり、涅槃界とは、無知による迷いをひるがえし、究極の悟りをひらく世界であるといわれるのです。真理に目覚め、悟りをいただくところだとおっしゃるわけです。過去世からの宿業によって煩悩にしばられ、真理が見えなくなって迷いの人生を送り苦しんでいる自分が、阿弥陀さまからいただく信心によって真理に気づかせていただき、新しい世界に生まれ、新しいいのちをいただくことを、このようにおっしゃっているのです。

ですから、従来の浄土教でいわれてきた、西方はるか彼方にあって、何の苦しみもなく、金や銀や瑠璃などで飾られ、すばらしい音楽や香りに包まれた美しい極楽浄土は、真の浄土ではないとおっしゃるのです。どことなく人間の願望をそそるような極楽浄土に、しかも死んではじめていくようなところではないといわれるのです。

聖人は、浄土を「真仏土」とも言い換え、たとえば『教行信証』で、

謹《つつし》んで真仏土を案《あん》ずれば、仏はすなわちこれ不可思議光如来《ふかしぎこうにょらい》なり、土はまたこれ無量《むりょう》光明土《こうみょうど》なり。

（「真仏土巻」聖典三〇〇頁）

といわれます。その内容は、謹んで真仏土について思いをめぐらしてみますと、仏とは人間の言葉や思いであらわせない光にみちた存在であり、浄土もまた無量の光に包まれた世界であるといわれるのです。つまり浄土とは、「人間の知恵」を超えた「仏の智慧」の光に満ちた世界であり、その無限の智慧に照らされた世界だといわれるのです。無知によって迷うこの娑婆の世界ではなく、迷いから目覚め真理に気づかされ、正しく生きられる世界だとおっしゃるのです。

聖人はまた、次のようにもいわれます。

極楽は無為涅槃《むいねはん》の界なり、

（『法事讃』「化身土巻」聖典三五〇頁）

極楽浄土とは、生滅したり変化したりすることのない絶対不変の悟りの世界であるとされるのです。ようするに、聖人のおっしゃる浄土とは、たんなる死後の世界でもなく、願望を満たすようなきらびやかな世界でもなく、真理に目覚め、もはや迷うことのない智慧といのちを与えられる永遠の世界なのです。

こうして、聖人は、画期的な浄土観を打ち立てられました。じつにすばらしいと私も思

います。しかし、私のような凡人には、すばらしい浄土観であると思いつつも、はたして生身の自分がそこに住みうるだろうかとも思ってしまいます。なるほど、仏さまの思いやりをひしひしと感じているときには、「ああ、お浄土に住まわせていただくとはこういうことなのか」と感じ、心からうれしく思います。生きていて本当によかったと、心底から喜びの思いが湧きおこり、お浄土に住まわせていただいていると実感できるように思います。

しかし、それもつかの間、何か自分にとって都合の悪いことが起こると、現実世界に引き戻され、再び貪り・怒り・愚痴にとりつかれてしまいます。つい先ほどまでお浄土に居させていただいていたことも、忘れてしまいます。そんな自分が情けなく、自己嫌悪におちいってしまいます。

おこがましいこととは思いますが、これが人間というものではないでしょうか。じつは聖人は、このところをよく見ておられました。聖人は、哲学者でも道徳家でもなく、まさに宗教家でした。哲学者や道徳家であれば、こんな私を叱るか、軽蔑なさるでしょう。しかし宗教家の親鸞聖人は、こんな私のような人間をけっして怒ったり、叱ったりはなさいません。ちゃんと浄土に受け入れ、住まわせるために、特別の方法を考えてくださっているのです。もう少し詳しく、聖人の浄土観を見ていきましょう。

親鸞聖人の思いやりの浄土観

先ほども述べましたように、たしかに聖人は、従来の視覚的できらびやかな極楽浄土は真の浄土ではないとおっしゃいますが、かといって、これを否定しておられるわけではありません。それならば、矛盾したことを語っておられるのかというと、そうでもありません。一見矛盾するようなことをおっしゃっている、まさにそのことが、じつは聖人の宗教家としての偉大なところであると思うのです。ここのところを、しばらく見ていきます。

聖人は、浄土とは真理に目覚めるべき永遠の世界だといわれていますが、一方では従来の神話的とも思われるきらびやかな浄土についても否定せず、それについて述べておられるのです。たとえば『浄土和讃』では、

一一のはなのなかよりは　三十六百千億の
光明てらしてほがらかに　いたらぬところはさらになし
（聖典四八二頁）

と述べておられます。浄土に咲く宝蓮華の一々の花の中には、百千億という無数の花びらがあり、その花びらには青・白・玄・黄・朱・紫の六色の光があり、たがいに相映じるので、三十六通りの百千億の光をはなち、その光明はほがらかに照らし合って、届かないところはどこにもありませんというようにです。

一方では永遠の浄土を示しながら、他方ではこのようなきらびやかで実在的な浄土につ

いて述べておられるのです。この点が問題なのです。このような両面性を、一応二重性と呼んでおきたいと思いますが、一方を取って他を切り捨てるのではなく、この両面を肯定しようとするところに、じつは聖人の思いやり、やさしさがあるのです。人間には、素直に信心を受け入れ、素直に浄土に住める面もある反面、どうしても素直に信心を受け入れられず、浄土に住めない面もあるのです。この二面性をもった人間を、そのまま浄土に住めるようにしたいという、聖人の宗教家としての思いやりが、このような姿勢を取らせているのです。

親鸞聖人は、一方で次のようにおっしゃいます。

超世の悲願ききしより　われらは生死の凡夫かは
有漏の穢身はかはらねど　こころは浄土にあそぶなり

（「帖外和讃」『真宗勤行聖典』三六六頁、法藏館、一九八三年）

阿弥陀さまのすぐれた悲願の声をお聞きしてからは、私たち生死に迷う凡夫たちは、煩悩に穢された身は変わらなくとも、心は浄土に住まわせていただくのです。阿弥陀さまの悲願に接し、その真意に喜びを感じたそのとき、私たちは阿弥陀さまとともに阿弥陀さまの浄土に生きるのだという聖人独自の浄土です。視覚的に美しいきらびやかな極楽浄土とは、根本的に違う浄土です。

しかし、かといって視覚的な浄土をたんに否定し去るのではなく、別の和讃で次のように表現されています。

宝林宝樹微妙音《ほうりんほうじゅみみょうおん》　自然清和《じねんしょうわ》の伎楽《ぎがく》にて
哀婉雅亮《あいえんがりょう》すぐれたり　清浄楽《しょうじょうがく》を帰命《きみょう》せよ
（『浄土和讃』聖典四八二頁）

この和讃の意味は、浄土の宝樹林から自然に発せられる微妙な音は、おのずから清らかに調和する天人のかなでる音楽のようで、あわれに澄み正しく冴えわたっています。阿弥陀さまの別のお名前である清浄楽に帰依しなさいという意味ですが、このような従来の神話的な浄土についても述べておられるのです。信心をいただいたときに開かれてくる浄土とは、違った浄土です。二重性を見せておられるのです。

この問題を解くため、ここで少し『歎異抄』の文に触れておきます。ちなみに『歎異抄』は、聖人の教えが誤解されていることを悲しみ、異端の説を批判して書きしるされたものですが、その第十七条に次のような内容の文が書かれています。

信心かけたる行者は、本願をうたがうによりて、辺地《へんじ》に生じて、うたがいのつみをつぐのいてのち、報土のさとりをひらくとこそ、うけたまわりそうらえ。信心の行者すくなきゆえに、化土《けど》におおくすすめいれられそうろうを、ついにむなしくなるべしとそうろうなるこそ、如来に虚妄《こもう》をもうしつけまいらせられそうろうなれ。

（聖典六三八頁）

この文の意味は、信心を欠いた自力的な念仏者は、本願を疑うことによって、浄土のかたすみにある辺地に生まれるのですが、疑った罪を償ってからは、真の浄土に生まれさせていただき、悟りを開かせていただくのだと親鸞聖人からお聞きしております。信心をいただいている真の念仏者が少ないため、とりあえず一人でも多く仮の浄土である方便化土に生まれさせようとなさっているのであって、その多くの人たちは結局むなしく地獄へおちてしまうだろうなどということは、阿弥陀さまに嘘をつかせているということになるのですと、聖人はいわれたというものです。

この文は、信心の浅い自力的な念仏者は仮の浄土の辺地に生まれるが、結局は地獄におちることになるのだと主張する異端者に対し、『歎異抄』の著者とされる唯円が、そうではない、辺地に生まれても罪を償ったのち真の浄土に生まれさせていただけるのだと親鸞聖人がおっしゃった、それが阿弥陀さまの本意なのだと反論する文です。その論拠として唯円は、親鸞聖人から「信心の行者すくなきゆえに、化土におおくすすめいれられそうろう」と教えられたことをあげているのです。

本当の信心をいただいている人は少ないので、聖人は、一人でも多く救いの縁を維持するために辺地に救い入れ、罪を償わせたあと、真の浄土に救い上げようとなさっているのだとおっしゃるのです。辺地にいる人々を切り捨てるのではなく、包容し、抱きとり、真の浄土に導こうとなさっているのです。否定せず、肯定しながら救いに導こうとされているのです。ここに、聖人の宗教家としてのやさしさと深さがあるのです。この点をよく理解しなければなりませんし、この点を理解すれば聖人のおっしゃる浄土がはっきり見えてくるのです。この点について、もう少し詳しく説明してみましょう。

辺地とは方便化土であり、真の浄土ではありませんが、真の浄土に導かれていく仮の浄土です。私は、この方便化土というものに注目してみたいと思います。これは正確にいうと方便化身の浄土のことですが、聖人は次のような和讃を作っておられます。

七宝講堂道場樹《しっぽうこうどうどうじょうじゅ》　方便化身《ほうべんけしん》の浄土なり
十方来生《じっぽうらいしょう》きわもなし　講堂道場礼《らい》すべし
（『浄土和讃』聖典四八一頁）

金・銀・瑠璃などの七宝で飾られた聞法修道の講堂や、仏さまが説法なさる場所にある菩提樹などは、方便のための仮の浄土にあるのです。疑いをもち、自力の念仏をしている多くの人々も、この仮の浄土に受け入れてくださるのです。ですからこうして講堂や道場を考えてくださった阿弥陀さまには、心をこめて礼拝しなければなりませんとおっしゃるのです。

聖人は、真実の浄土、すなわち真仏土に、浄土の本質を発見されましたが、化身土をけっして否定したり軽視したりはなさいませんでした。むしろ人々を救済するために、あえて化身土、辺地を説いてくださった如来の意志に深く感謝し、その意図を汲もうとしておられるのです。辺地や方便化土は、真の浄土ではありませんが、真の浄土へ導かれていく尊い浄土だったのです。このような二重の浄土が、聖人の心中において常に同時に存在していたのです。私はここに、聖人の深い宗教性を見るものです。

したがって、聖人においては、浄土は今生まれさせていただくところであり、また死後生まれさせていただくところであり、そして疑って辺地に住むことになっても、やがてはそれを償い必ず生まれさせていただくところなのです。自力的な念仏者、疑いを抱く念仏者も否定することなく、包容し、抱きとっていくのが如来の慈悲であり、聖人の信仰であり、浄土はそれほど広大で慈悲にみちたところでもあるのです。ですから、二重性は矛盾するものではなく、同時に成立する内的論理でもあるのです。だからこそ、聖人は寂滅の浄土、涅槃の浄土、悟りの浄土を説きつつ、従来の視覚的な浄土も説かれたと考えるべきでしょう。

では最後に『歎異抄』第九条の文を見ておきます。

久遠劫《くおんごう》よりいままで流転《るてん》せる苦悩の旧里《きゅうり》はすてがたく、いまだうまれざる安養の浄土はこいしからずそうろうこと、まことに、よくよく煩悩の興盛《こうじょう》にそうろうにこそ。

（中略）いそぎまいりたきこころなきものを、ことにあわれみたまうなり。これにつけてこそ、いよいよ大悲大願はたのもしく、往生は決定《けつじょう》と存じそうらえ。（聖典六三〇頁）

遠い遠い過去から今まで、生まれ変わり死に変わりして流転してきた苦悩の世界なのに、これを捨てられず、これから生まれさせていただく安らぎにみちた浄土を恋しいと思えないのは、よくよく煩悩が盛んだということです。しかし、急いで参らせていただきたいと思えない者こそを、特にあわれんでくださるのです。このようなわけですから、いよいよ深い慈悲によっておこされた阿弥陀さまの願いはたのもしく、浄土に往生させていただくことはまちがいないと思いなさいとおっしゃるのです。本来は、信心をいただいた今、往生が決定されるのであって、信心をいただけない者は、論理的には否定されるべきです。しかし、親鸞聖人によれば、往生できない者こそが如来によってあわれまれるのであり、いよいよ往生は決定するとされるのです。

命あるときに往生が決定される者も、あるいはそれができず、命終わるときに決定される者も、ともに阿弥陀さまの大悲の中に救い上げられるのです。ここにおいて、即得往生の往生と死後往生の二つの往生が、一見矛盾しつつも、ともに成立することになるのです。したがって、現実的には、信心を得たとき、そのまま浄土に住まわせていただけるのですが、煩悩をもっての人生ですから、なかなか浄土に住みえない。そのため、死を契機に真の浄土に往生させていただき、あるいは阿弥陀さまを信じきれないで疑い、仮の浄土に生まれたにせよ、そこで真の信心をいただき、やがて阿弥陀さまに導かれて悟りをいただいたのち涅槃の世界に住むという意味での、新しい浄土が提示されることになったのです。

この浄土は、聖人の深い信仰と思いやりによって発見された浄土であり、釈迦・弥陀の方便の本意が、聖人によって見出されたということにもなるといえます。

こうして私たちは、今も、そして死後も浄土に住まわせていただけるということが確実になったわけで、深く救われているという実感が湧いてきます。読者の皆さまも、深い安心感をおもちになったと思います。

これで一応、死の問題が解決されたと考え、さらに老い、病の問題について考えていきたいと思います。

第三章　新しい老い方を考える

一　親鸞聖人は老いをどう生きられたか

親鸞聖人の老い

我が身は正定聚であると自覚された親鸞聖人は、深い喜びをえて老年期を生きられたということは推測できます。しかしその喜びは、一般にいうような幸せで楽しい老後を送るといったレベルの喜びではありません。

聖人は、鎌倉時代という動乱期に、しかも九十歳という驚異的な長寿を生きられました。今でこそ浄土真宗の開祖、教祖としてもてはやされてはいますが、当時の一般的な人々の目から見れば、妻子をもった破戒僧であり、流罪になった罪人でもありました。また六十歳をすぎていたのに、何の経済的基盤ももたないで京都に帰り、居候のような生活をしつつ転居を重ね、しかも貧困のため途中で妻子を越後に帰すことになったのです。妻からの仕送りで生活するほかなかったからです。

ひとまず常陸から京都にもどられた、六十歳すぎから九十歳で往生されるまでを聖人の老年期としておき、この期の聖人の生き方を見てみたいと思います。この老年期は、俗にいう老後とか余生といった言葉では表現しきれないいきびしいものでした。

たしかに『歎異抄』には、信心が定まれば、浄土に生まれさせていただくのは阿弥陀さまのお力によるのだから、安らかで苦労に耐えうる心、すなわち柔和忍辱の心も自然に生まれ、穏やかに生きられるようになると書かれています。

信心さだまりなば、往生は、弥陀に、はからわれまいらせてすることなれば、わがはからいなるべからず。わろからんにつけても、いよいよ願力をあおぎまいらせば、自《じ》然《ねん》のことわりにて、柔和《にゅうわ》忍辱《にんにく》のこころもいでくべし。（聖典六三七頁）

ですから、安らかで和やかな老後を送られたようにも思ってしまいますが、実際は安易にそう受け取れるようなものではありませんでした。

一面では、そのような心境でもあられたでしょう。しかし他面では、九十歳まで生きられた方です。心身ともに強靭であるため煩悩の力も強く、常人より苦悩も深かったはずです。したがって、柔和忍辱の心に生きると同時に、身に湧き上がってくる煩悩にも苦しむという生きざまに、注目しなければならないと思います。相反するような二面のあいだで、九十歳まで信仰生活を続けられた事実を注視し、その生き方を我々は聞き取り、学ばねばならないと思うのです。

そこで、まずここでは、聖人の老年期の足跡をたどり、老いへの姿勢を見ておきたいと思います。

老いの苦しみと喜び

聖人は、六十二歳のころ、妻の恵信尼、娘の小黒女房、信蓮房明信、益方有房や、まだ十歳ほどであった覚信尼、そして長子善鸞らをつれて、長年住みなれた常陸国稲田の草庵を去り、京都にもどられました。そして念願であった、『教行信証』完成のために没頭されます。この書のほとんどを占める引用文を、京都の随所に所蔵されていた多くの原典に当たり、しっかりと確認、修正なさったことと思われます。

しかし、時折関東の門徒から送られてくる懇志以外に、ほとんど経済基盤のなかった聖人は、やがて万策尽き、善鸞と末娘覚信尼を京都に残し、恵信尼とそのほかの子どもたちは越後に帰すという辛い決断をなさることになりました。恵信尼の越後の実家、三善家の土地や財産を管理し、わずかではあっても聖人たちに仕送りができるようにするためでした。おそらく、恵信尼が提案されたのでしょう。悲しく辛い別れとなったと推察されます。

貧困に耐え、孤独に耐え、黙々と『教行信証』完成に心血を注がれ、ついに七十五歳のころ一応の完成をみます。なぜ一応かというと、生涯加筆訂正がなされているからです。当時の七十五歳といえば、大変な高齢でしたが、強靭な意志があったればこそと思われます。

しかし、休む暇もなく、聖人は、また大仕事に着手されます。聖人にとって『教行信証』は、法然上人の念仏の教えを仏教の中にしっかりと位置づけようとする、専門的・学問的なものでした。法然門下の人々を追放しようとした、南都北嶺の僧たちへの反論の書、確固たる念仏門樹立の教学的な書でした。さらには、真っ向から法然上人を非難した、華厳宗の明恵（一一七三～一二三二）らに対する反駁の書でもありました。その意味では、日々の暮らしにもがく庶民への救いの書ではありませんでした。『教行信証』を書きながら、聖人の胸には、庶民のためにこそ何かを書かねばならない、救いの書を書かねばならないという使命感がうずいていたはずです。だからこそ、すぐにこの仕事に着手されたのです。この仕事とは、すでに七十六歳の一月にでき上がった『浄土和讃』一一八首と、『高僧和讃』一一七首でした。

『教行信証』は漢文で書かれましたが、両和讃は誰にでもわかるようにと和文で、しかも当時流行していた今様《いまよう》、つまり七五調の歌謡形式で、人々に親しまれ、その心に染み入るように作られました。『教行信証』の核心となった自身の信仰を、嚙みくだき、やさしく、心情に響くようにと願い、人々の心に注ぎこもうとされたのです。『教行信証』という大著を書き終えたにもかかわらず、疲れきった老体にむち打って次々と自身の信心を歌いあげ、書きしるしていかれたのです。『浄土和讃』には、重要な経典類の要所を、『高僧和讃』には、親鸞聖人が尊敬されたインドの龍樹《りゅうじゅ》、天親《てんじん》、中国の曇鸞《どんらん》、道綽《どうしゃく》、善導、そして日本の源信、源空（法然）の七人の高僧の教えと、その徳を歌い込んでいかれました。貧困と淋しさに耐えながら、正定聚であることを喜び、老いのいのちを削りながら、人々と信心を分け合うために、いのちを燃焼されたことであろうと思えます。

続いて、七十八歳で『唯信鈔文意《ゆいしんしょうもんい》』という、親鸞聖人の法兄である聖覚法印撰述の『唯信鈔』に引かれた経釈の要文を抜き出し、わかりやすく注釈された書を書かれました。そして、八十歳で『教行信証』の精要をしるした書である『浄土文類聚鈔《じょうどもんるいじゅしょう》』を、さらに八十三歳で、阿弥陀仏の名号と尊師・先徳の真像に書き加えられた讃銘の文とを逐語的に解釈した書である『尊号真像銘文《そんごうしんぞうめいもん》』を、また聖人の信心の立場を明らかにする教相判釈の書である『愚禿鈔《ぐとくしょう》』を、すべて平易な表現で書き続けられました。関東に残してこられた門徒の一人ひとりの顔を思い出し、彼らに語りかけるように書かれたことでしょう。さらにこのころになると、自身の著作以外の書物を書写し、遠く離れた門徒たちに送られますが、書簡も多くなりました。

しかしここに、聖人の老年期を最も苦しめたであろう事件が起こります。このような苦悩にどのように対処されたかを見ることによって、聖人の老いについての考えと態度を学んでみます。

聖人八十四歳の康元元(一二五六)年、我が子善鸞を義絶《ぎぜつ》(勘当)なさるという事件が起こったのです。宗教教団にはよくあることですが、中心人物を失うと残された人々のあいだで、後継者争いなどの問題が起こります。自分こそが正統な弟子、正しい教えの後継者であるなどと主張し、争いなどがはじまる場合があるからです。そのうえ、聖人の説かれることは、ややもすると誤解されることが多かったのです。悪人正機の教えなども、その真意を理解せず、悪いことをしても念仏さえとなえていれば救われるなどと、曲解する人も多くいました。あるいは念仏をとなえるだけでは不十分であって、善行もしなければならないという異端的な考えも出てきました。特に前者は、社会秩序を乱し、幕府から目をつけられる原因にもなっていたのです。

聖人は、動揺する門徒たちを落ち着かせるため、五十歳前後になっておられた子息の善鸞を派遣されていたのです。はじめ善鸞は、父の意志を汲み、まじめに努力しておられましたが、やがて一部の人々に利用され、聖人の意に反したことをはじめるようになってしまいました。たとえば、自分だけはほかの門徒と違って夜中に父から特別の教えを聞いたとか、聖人が最も大切にされた阿弥陀仏の第十八願をしぼんだ花だなどというようようになってしまったのです。

善鸞を義絶する決意をされた聖人は、書簡の中で次のように述べておられます。

今は父子《ちちこ》のぎはあるべからずそうろう。（中略）第十八の本願をば、しぼめるはなにたとえて、人ごとにみなすてまいらせたりときこゆること、まことにほうぼうのとが、（中略）親鸞にそらごとをもうしつけたるは、ちちをころすなり。（中略）いまは、おやということあるべからず、ことおもうことおもいきりたり。（中略）かなしきことなり。

（『御消息拾遺』聖典六一一～六一二頁）

今となっては、もはや親子の義はない。阿弥陀さまが誓ってくださった第十八の願をしぼんだ花にたとえ、それを聞いた門徒の方々の中には、本願を捨ててしまわれた方もおられると聞くが、これは仏さまの教えをそしる大罪である。またこの親鸞に嘘を申しつけたことは父を殺すことである。もはや私を親と思ってはならないし、子と思うことも私はしない、悲しいことだと書いておられるのです。

八十四歳に至るまでひたすら聴聞し、思索し、人々に伝えてこられた教えが、親鸞聖人の最も近くにいた善鸞において、もろくも崩れ去ってしまったのです。聖人にとって、これほど悲しく辛いことはなかったはずです。貧困の中、手元において育て、指導してきた我が子に裏切られ、仏の教えに背かれたことは、宗教者としての聖人にとって最も恥ずかしいことでもあったでしょう。正定聚の身、不退転の身であったはずの聖人は、ではどのようにこの事態に対処されたのでしょうか。

この事件ののち書きはじめられた『正像末和讃』には、前作の『浄土和讃』『高僧和讃』に比べ、人間の悲しさが一層色濃く反映されるようになります。

浄土真宗に帰《き》すれども　真実の心《しん》はありがたし
虚仮《こけ》不実のわが身にて　清浄《しょうじょう》の心《しん》もさらになし
（『正像末和讃』聖典五〇八頁）

浄土の真の教えに帰しながら、どうしても真実の心をもつことはできない。嘘と偽りにみちた不実な我が身であって清浄の心などさらにないとおっしゃるのです。この思いは、我が子善鸞をこのように育ててしまったご自分への恐ろしいほどの嫌悪であり、悔いであり、懺悔にほかなりません。もし聖人が普通の人であれば、年齢も手伝い、気力を失ってしまわれたことでしょう。

誠実な老いの生き方

しかし、聖人の聖人たるゆえんは、このような人間の底なし沼のような苦悩の中に、阿弥陀さまの救いの光明を見出していかれる点なのです。不幸に襲われれば襲われるほど、不幸な自分と向き合い、阿弥陀さまに出会い、自分を救い取ろうとしてくださる阿弥陀さまの真意を聴き、はたらきかけに気づき、信じる喜びを深めていかれるのです。それができるのも、我が身は正定聚の身であるとの自覚があるからです。

聖人は、次のようにおっしゃっています。

しかるに仏かねてしろしめして、煩悩具足《ぼんのうぐそく》の凡夫とおおせられたることなれば、他力の悲願は、かくのごときのわれらがためなりけりとしられて、いよいよたのもしくおぼゆるなり。
（『歎異抄』聖典六二九頁）

阿弥陀さまは、我々が煩悩に縛られていることなどとっくにわかっておられ、煩悩から逃れられない愚かな凡夫たちよと、呼びかけてくださっている。他力の悲願は、まさにこのような私たちのためであると気づかせていただけるのですし、いよいよたのもしく思えるとおっしゃっているのです。

我が子にすら、本当の信仰を伝えきれなかった自分の愚かな煩悩の姿にまで降りてゆき、そのような私をさえ救おうとしてくださる阿弥陀さまの慈悲に気づき直し、その喜びを再度人に伝えようとなさるところに、聖人の生きる姿があるのです。実子すら救えなかったことを隠し、綺麗事だけを伝道しようとなさっているのではありません。救えなかった自分までをも救ってくださる阿弥陀さまの救いと、その救いをいただく喜びを伝えようとなさるのです。ここに、聖人の誠実な老いの生き方を見ることができます。

さらに、聖人を苦悩させせることになったことに、覚信尼のことがあります。覚信尼は、日野広綱と結婚し、覚恵（幼名は光寿）と女子一人を産みましたが、覚恵が七歳になったとき広綱が亡くなり、聖人のもとに身を寄せておられました。覚信尼は、母の恵信尼にかわって聖人に仕えておられたのです。義絶ののち行先もわからなくなってしまった善鸞への心配、そして覚信尼への心配が、聖人を悩ませ、苦しめることになります。悩みを分け合いたい妻の恵信尼は、遠い越後の国。覚信尼の行く末を案じ、聖人は常陸の門弟たちに世話を頼んでおられます。

このふみをかくひたちの人々をたのみまいらせて候えば、申しおきて、あわれみあわせたまうべく候う。（『御消息拾遺』聖典六一三頁）

もし聖人に所領などがあれば、覚信尼にそれを譲り生活の不如意をなくすこともできたでしょうが、それもできないので常陸の人々に援助を願っておられるのです。淋しい文面であり、筆跡もおとろえていることから、最晩年のものであろうとされています。

やがて九十歳になられた聖人は、弘長二（一二六二）年の秋ごろから体調をくずし、十一月二十八日、弟の尋有、覚信尼、越後からかけつけた息子の益方入道道性、関東の門弟顕智、遠江池田の門弟専信ら少数の人々の前で、お念仏をとなえながら静かに往生を遂げられたとされています。

このように書いてくると、聖人の老年期は不幸なことばかりが起こり、淋しい一生であったようにも思えます。たしかに息子に裏切られ、娘の行く末を案じ、妻に看取られることなく亡くなったとだけ考えれば、そう思えるかも知れません。しかし、そうとだけ考えてはなりません。そのような不幸を通して、聖人は、最後に絶対他力の境地に到達されているからです。

絶対他力の生き方

聖人八十六歳、正嘉二（一二五八）年十二月の書簡に次のように書かれています。

義《ぎ》なきを義とすということは、なお義のあるになるべし。（『末燈鈔』聖典六〇二頁）

義が捨てられていることが義であるということすら、まだ義があるということです。はからいを捨てようとすること自体、自分のはからいであるといわれるのです。これはどういうことかといいますと、はからいはすべて阿弥陀さまのほうからなされているのであって、もはや自分のほうからは何もすることなどないと気づくことが、真の信仰であるということなのです。義であるとか義でないとか、はからうとかはからいを捨てるとか、そのようなことはすべて不用のものだとおっしゃっているのです。すべてを阿弥陀さまにおまかせることこそが人の生きる道、老いたる者の道だということです。この生き方は、自《じ》然法爾《ねんほうに》の生き方ともいわれます。ですから、善鸞のことも覚信尼のことも親として心配ではあっても、その行く末と結果は、すべてお任せになっているのです。

このような、聖人の心境がよくわかっていたと思える人物に、私は作家の倉田百三（一八九一～一九四三）がいたと思いますので、ここで彼の書いた戯曲『出家とその弟子』を取り上げてみたいと思います。この書の登場人物は、親鸞とその弟子唯円、そして善鸞たちですが、第六幕第四場の親鸞聖人臨終の場に善鸞が呼ばれ、最後の会話が交わされるシーンがあります。これは史実ではありませんが、聖人の信仰の一面が鋭く描かれていると思われますので、そのシーンをおおまかに再現してみます。

臨終の聖人は、とぎれるような細い声で善鸞に、「わしはもうこの世を去る……（細けれどしっかりと）お前は仏様を信じるか」「信じると云ってくれ」。信仰を「ただ受取りさえすればよいのじゃ」とおっしゃるのですが、信仰を得ていない善鸞は、苦しみのため真っ青になり、絶望的な気持ちになって、「わかりません……きめられません」と答え、突っ伏してしまいます。聖人は、「おお」とうめいて目をつむられます。

聖人の顔は、苦悶の表情で覆われますが、やがて静かで穏やかな表情になり、小さいけれどしっかりとした声で、「それでよいのじゃ。みな助かっているのじゃ……」（筆者傍点）

といわれ、ことされられます。（『出家とその弟子』二一二〜二一三頁、新潮文庫、一九八〇年）

親を裏切り、迷いのうちにいる善鸞に対し、聖人は「それでよいのじゃ。みな助かっているのじゃ」と声をかけられるところに、倉田は聖人の信仰の極致を見ようとしているのです。そして私は、ここに義なきを義とするのもまだ義があるという、聖人の絶対他力の信仰を見るのです。おのれのはからいではなく、仏のはからいに任せきった信仰です。善鸞を責めることなく、善鸞を阿弥陀さまの慈悲に任せきる態度です。任せよう、任せようと努力するのではなく、任せきるようにとの仏のご意志にそのまま感謝し、その喜びが生きる力になるのを喜ばせていただくのです。ここに絶対他力の信仰があるのです。任せようと努力する態度には、まだ疑いと自力の心が隠れているからです。

これを言い換えれば、迷っている善鸞を心配なさる聖人の気持ちを、仏ご自身が心配し、案じ、引き受けてくださっていると、聖人が気づいておられるのです。もうすでに阿弥陀さまはしっかりと善鸞を救いの対象にしてくださっていると、聖人が気づいておられるということなのです。

「信じると云ってくれ」といわれる聖人の心中には、人間としての、親としての疑い、迷いが垣間見えます。煩悩はなくなってはいません。しかしやがて、「それでよいのじゃ。みな助かっているのじゃ」という言葉には、仏に身を任せきった聖人の深い絶対他力の信仰の姿があるということです。

強い煩悩をもっておられた聖人は、老年期に入ってもやはり煩悩に苦しまれました。しかしその煩悩との戦い、さまざまな不幸との遭遇を通し、正定聚の身の自覚によって、その信仰は他力の信仰から、絶対他力の信仰、自然法爾の信仰へと深められていきました。そして、じつはこのような生き方によって、先に述べた「柔和忍辱のこころ」も熟し、苦労はされても柔和に生きられた聖人の姿を感じることができるのです。

私は、このような聖人の生きざまの中に、「老いの生き方」への指針が与えられていると考えますので、次に現代の高齢者の生き方を少々分析しながら、聖人の生き方を現代に生かす方法を考えてみたいと思います。

二　現代人の老い

老いの現状

第二次世界大戦後の日本は、まだまだ大家族の時代でしたが、やがて核家族の時代に入りました。しかし核家族といっても、最初のころは、老いた両親が高齢者となれば息子の家庭に呼び、面倒をみるのが当然といった風潮でした。ところが、最近ではその意識も薄くなり、同居はほとんどなくなりました。やがて親が伴侶を失い独居老人になっても、直接施設や病院に入って当然という時代になりました。それにつれ、空き家も多くなってきました。

二年ほど前、あるご門徒宅の年忌法要に参りましたが、読経後のお斎（食事）の席で、親戚の警察関係の方から次のような話を聞きました。

都会の団地やマンションでは、独居老人の孤独死が多くなり、亡くなった方が発見されると、私たちが呼ばれ、かけつけ、親戚の人に連絡をします。亡くなった方が用意周到な方ですと、よくわかる所に連絡先のメモなどが置かれていますが、突然亡くなったような場合は、私たちが連絡先を探さねばなりません。やっとそれらしきものを探し出し、息子さんなどに連絡します。するとすぐに駆けつけてくださる方も多いのですが、中には「我々はもう十五年も二十年も会ってない。戸籍上は親子であっても、事実上はもう親子ではない。葬式などする気にもなれないから、そちらで面倒をみてくれないか」などという人もいます。「いくらなんでもそれはないでしょう」と答えると、「あんたたち、税金で食ってるんだろう。それくらい考えてくれたっていいじゃないか」などと食ってかかる人もいるのです。情けない話ですよ、ということでした。

親子の縁が薄くなったというより、その縁を拒否したり、切ろうとするケースが多くなったということでしょう。そういえば、月参りにうかがうお宅にも、「長生きしても淋しくなるだけ」「息子はいても何もしてくれない。おまけに孫もいないから家が絶えてしまう」「いっそ誰にも迷惑をかけずに、一人でぽっくり逝きたい」などと話す高齢者が多くなりました。

あるいは最近、近くの火葬場でこんなことがあったと聞きました。告別式が終わり、火葬を終え、骨拾いをすませたときでした。普通は、火葬がすみお骨と灰になった親の姿を見れば、一気に悲しみがこみあげてきます。お骨を納め、その骨箱を手にしたときには、あまりの軽さに万感胸にせまるものです。しかしその喪主は、「これはもう要りませんから、そちらで引き取ってください」といったというのです。大都市では時々あるそうですが、私の住む地域ではまだ聞いたこともありませんでした。そこで私は、その葬儀の関係者に、亡くなった父親がどんな方であったのかをたずねてみました。

九十歳をすぎたその父親は、次のような方でした。周囲からは真面目な人と見られていましたが、頑固一徹な性格でした。真面目なことはよいことでしょうが、自分で真面目であると思い込んでいることには問題もあります。自分の判断と行動は正しく間違いはない、それを実行できないおまえがダメだと喪主をつとめた息子さんにいい続けてこられたそうです。若いころには戦争に行き、お国のために戦った。戦後は、貧しさと戦っておまえたちを育て上げた。そして、日本の復興のために尽くしてきたのだ。おまえが成長したのも、日本が豊かになったのも、私たちが必死に働いたからだ。人から後ろ指を指されず、立派に家を守り抜いてこられたのは誰のお陰か、父さんのお陰だろう、私に間違いはないのだという論法で、いつも息子さんを牛耳ってこられたそうです。おとなしい息子さんは、耐えに耐えてきたということでした。

この時代にまだこのような親がいる、このような子がいるということに、私も驚いてしまいました。これほど極端ではないにしろ、多かれ少なかれ、このようところに、今高齢者が嫌われ、厄介者扱いされる現状と、その現状を生んでいる原因の一つがあるのではないでしょうか。

親子の縁が薄れ、さらには拒絶され、あげくのはてには嫌われ、恨まれ、最後の別れさえできない、お骨さえ引き取れない人々が出てきているという状況を、凝視すべきでしょう。時代と折り合いをつけ、逆に若い人々と強い絆を保つ新しい生き方を、高齢者みずからも探すべきときではないでしょうか。

なぜ高齢者は厄介者扱いされるのか

高齢者が避けられ、厄介者にされる理由は、少なくとも二つあると思います。一つは、高齢者を囲む社会的な状況の変化がある点、二つ目に高齢者自身の心の硬化による頑固さが若い世代から敬遠されている点です。第一の点から見てみます。

最近、車を走らせていると、老人施設関係の車にすれ違うことがとても多くなりました。学校に向かう子どもたちの姿は少なくなり、介護関係の車が走り回っています。少し淋しい気持ちもしますが、それにしても、高齢者への社会的な努力と負担が感じられ、「高齢化社会」からさらに「超高齢化社会」になっていることを実感させられます。「西欧社会より五倍のスピードで平均寿命を伸ばすことになったと、統計は語る」（鷲田清一『老いの空白』二頁、弘文堂、二〇〇九年）日本の現状に、高齢者の私も、襟を正さざるをえません。「長生きをすることは若い人々に負担を強い、迷惑をかけてしまうなあ、静かに消えていったほうがいいかなあ」と、ふと思ってしまいますが、「大切ないのちをいただいているのだから、そう簡単に消えていくわけにもいかない」などとも思い、複雑な気持ちになります。

結局は、高齢者として若い人々に負担をかけず、できるだけ社会に貢献するよう生きる意義を考えてみようなどと思ったところで、いつも考えが止まってしまいます。止まってしまうというより、それ以上考えると恐くなってしまうのです。

最近、「漂流社会」という言葉が使われています。急激な高齢化のため、介護の場所、制度、財政などが追いついていません。核家族化したため、住居のスペースも年老いた親を迎えるには十分とはいえませんし、迎えなければならないころには、定年退職を迎える子の世代には財力的にも無理があります。かといって施設はどうかというと、しっかりした施設はその数も介護者のスタッフも足りず、なかなか入れませんし、費用も高い。そこでとりあえず、病院に入院ということになりますが、三か月のあいだだけということで追い出され、これを転々として繰り返すほかありません。これに不満をとなえれば、施設からも、病院からも、そして家族からも疎まれ、嫌われ、場合によると怒鳴られ、虐待を受ける場合すら生じてきました。そこでただひたすら沈黙を続け、逆らわないで流され、漂流していくのです。このような現実を指して、漂流社会といわれているのです。

息子や娘の立場からすれば、親を大事にしたいのはやまやまですが、自分のこと、自分たちの子どものこともおろそかにはできません。自分たちの生活を守るためには、親はしだいに負担になり、負い目になり、下手をすると兄弟間の争いにまで発展しかねません。高齢化が進めば進むほど、高齢者はお荷物になり、厄介者になってしまう可能性が強くなってきました。

もう一つの理由は、高齢者自身の「心の硬化」の問題です。一般には高齢化が進むと「ぼけ」がはじまり、これが若い人々から軽んじられたり嫌われる理由であるとされる場合がありますが、私は必ずしもそうではないと思います。高齢者が嫌われる本当の理由は、心が固くなり、自分のことしか考えられなくなる頑迷さ、他人の気持ちを理解しようとしない偏狭さにあると思われます。

京都で開業医をされている早川一光《かずてる》氏は、次のように指摘しておられます。

『ぼける』というのは物忘れをしたり、おもらしをしたり、同じことを何べんも言うようになったりするのではなく、自分のことしか考えられないようになったことを『ぼけ』という。物忘れをするのは機能の低下で、『ぼけ』とはちがう。

（湯浅成幸『老病死の生に学ぶ――無量寿の花が開くとき――』三七～三八頁、東本願寺出版部、二〇一〇年）

高齢になると、人は「昔は」という言葉を多用するようになります。なぜか昔がよくなり、「昔は、昔は」というようになります。それはそれでよいでしょう。昔、幸せであったから、そういえるのでしょうから。苦しく辛い過去しかもたない人なら、そのような言葉は出てこないでしょう。問題は、「昔はよかった。ところがおまえたち若い者はなっていない」というように、昔の価値観を基準にしてしかものを判断できなくなってしまう点です。私は、「若者は将来を夢見る。されど老人は過去を夢見る」という言葉を座右の銘にしていますが、この点は大切なことだと思います。若者には、将来楽しいことが一杯あるでしょうから、目が将来に向きます。しかし老人になると、もはや将来の夢がなくなり、ついつい楽しかった過去にしか目が向かなくなっていきます。そして、過去を起点としてものを考えることしかできなくなっていきます。

また人間は、年とともにあらゆる機能が衰えても、口だけは進化し続けるなどといわれます。こうして古い価値観で、若い人の考えを無視して口うるさく世話をやくようになりがちです。ここに若い人々に疎まれ、嫌われていく理由があるといえるでしょう。しかも肉体的な醜さがこれに加わってきますと、若い人からは、年をとってむなしく生きながらえている老残、醜さをさらしている老醜、年をとって役に立たなくなっている厄介者としか映らなくなっていきます。

ですから、年をとればとるほど、みずからをしっかりとさせ、正定聚であることを自覚し、過去ではなく、今を、そして将来を見据えて、与えられたいのちを喜んで燃焼させねばならないでしょう。日本で上座仏教の普及と指導に勤めておられる、スリランカ生まれのスマナサーラ氏は、次のように語っています。

だから仏教では、「過去に背を向けなさい」と教えます。顔を明日に向けて、今を生きよと言うのです。（中略）顔は進む方向へ向けておかなければなりません。つまり、明日を見据えながら進むのです。

（『老いと死について――さわやかに生きる智慧――』一二九頁、大和書房、二〇一二年）

まさにその通りだと私も思います。

しかし、進む方向に顔を向けたいと思うのに、向けられなくなっていくのが、老いる者の悲しさです。なぜそうなってしまうのでしょうか。その理由を考えておきましょう。

高齢者を苦しめる煩悩

年をとると人は枯れる、というような言葉がありました。ですから私は、年をとれば人間の煩悩なども衰え、楽になると思っていました。ところがそれは大外れ。ますます燃え盛っていきます。

じつは、仏教では自分の煩悩が自分を苦しめると考えるのです。一般には、外からの原因で自分が苦しめられると考えられているのですが、仏教ではそう考えません。全部自分の中の煩悩が自分を苦しめるのです。高齢者は、しだいに自分のことしか考えられなくなると先ほど述べましたが、年をとればとるほどこの煩悩に支配され、自分のことしか考えられなくなっていくのです。ですからこの煩悩を自覚し、これを滅ぼしていくところに、仏教の基本的な姿勢があるのです。

俗に、人間には一〇八の煩悩があるといわれています。そもそも煩悩とは、心身を乱し正しい判断をさまたげる心のはたらきのことで、自己中心的な欲望や、それにともなう執着心などから生じます。仏教ではいろいろな煩悩が指摘されていますが、その中で最も根源的な煩悩として、三つの煩悩が指摘され、三毒と名づけられています。この三毒は、多くある煩悩の中で最も根強くしつこい煩悩を指すのですが、この三毒がじつは高齢者にいよいよ強くまとわりつき、それによって高齢者は、知らないあいだに自分のことしか考えられなくなり、家族からも社会からも嫌われることになっていくのです。そこで、この三毒をしっかりと見ておきましょう。

三毒とは、貪《とん》・瞋《じん》・痴《ち》の三つです。

「貪」というのは、貪欲のことで、貪る心をいいます。なければないで欲しくなるし、あればあったでさらに欲しくなる。限りなく広がり、深まり、強くなる欲望の心です。加えて自分の欲望が満たされるように周りが回って欲しい、つまり自分の欲望に都合よく周りが動いて欲しいと思う欲望に支配された心を指すのです。

「瞋」というのは、「瞋恚《しんに》」のことで、怒りの心をいいます。貪欲が妨げられれば怒りの心がおこってきます。欲望があるかぎり、怒りの心は消えません。

「痴」というのは、「愚痴」のことで、欲望がかなえられないことを他人のせいにし、人を憎んだり、恨んだり、妬んだりすることを指します。欲望、怒りの真の原因を知らず、物事の真の道理を知らない、あるいは知ろうともしないので、これを「無明《むみょう》」ともいい、煩悩の中で最も根本的なものとされています。

もともと仏教では、人の心は清浄であると考えられ、煩悩は外から付着するものであるとされました。ですから、この煩悩を滅ぼすことによって心を清浄にし、苦悩から解脱できると説かれてきたのです。

じつは、親鸞聖人も比叡山でこの考えにもとづき、煩悩と戦い、これを滅ぼすためにきびしい修行に打ち込まれたのです。しかし、焦れば焦るほど煩悩は深く根をはるものです。煩悩に引きずられ、聖人の迷いも一層深まっていったのです。聖人でもそうであったということは、我々にとっては煩悩を滅ぼすなぞということは、至難のわざだということになります。

この重い煩悩を背負い、どうしようもなくなった聖人は、法然上人のもとに行かれ、大きく見方を変え、回心し目覚めさせられることになりました。このことが、じつはとても大切なことです。年をとればとるほど、煩悩にとらわれる我々高齢者に、煩悩を見る見方を変えていただけるからです。そこで次に、この点を見ておきたいと思います。

煩悩があるからこそ救いがある

法然上人のもとで他力念仏門の教えに帰された親鸞聖人は、煩悩は救いを妨げるものではなく、救いをいただくためのものであると気づかれました。『歎異抄』には、次のような話があります。

あるとき、唯円がせっかくお念仏をとなえてもお浄土に生まれたいという心がおこりませんし、喜びも湧いてきませんと聖人に打ち明けると、聖人は「私もそうだ」とおっしゃり、次のように答えてくださったというのです。

よろこぶべきこころをおさえて、よろこばせざるは、煩悩の所為《しょい》なり。しかるに仏かねてしろしめして、煩悩具足《ぼんのうぐそく》の凡夫《ぼんぶ》とおおせられたることなれば、他力の悲願は、かくのごときのわれらがためなりけりとしられて、いよいよたのもしくおぼゆるなり。

（聖典六二九頁）

喜ぶべきことを喜べないのは煩悩のしわざなのです。このことを阿弥陀さまは知っておいでになり、私たちのために悲願をかけてくださったのですから、煩悩をもつことは障碍などにはならないと教えてくださっているのです。

このように、かえって煩悩こそが救いの縁となってくれているとおっしゃるわけです。このことに気づけば、煩悩はもはや人間を苦しめるものではなく、救いをもたらす契機になってくれるものとなります。ここのところが、とても大切なことです。煩悩に縛られ、自分のことしか考えず、その通りにいかないと腹を立て、若い人を憎んだり、恨んだり、妬んだりして愚痴をこぼし、ますます嫌われ、避けられていく高齢者こそが、この聖人の態度を学び、自分を反省し、発想を変えていかねばならないということを、この言葉は教えていると思うのです。しかし考えてみれば、すでに高齢者になっている人に、今さら煩悩を滅ぼし、三毒を消し去れといってもできるはずがありません。修行しぬいた聖人ですらできなかったのですから。

そこで煩悩を敵にするのではなく、味方にしてしまうのです。煩悩に腹を立てるのではなく、煩悩のお陰で私は救われる人にしていただいているのだ、浄土に迎え入れていただける正定聚にしていただいているのだと、発想を転換することです。すると我が心は、コペルニクス的転回を遂げることになります。重苦しい気持ちが一気に楽になり、快い気持ちとなるでしょう。この快い、ありがたい気持ちは自分を変えるだけではなく、家族の気持ち、しいては社会の人々の気持ちも変えていくことになるはずです。

家族との友好関係

今では高齢者は、家族の厄介者にされる場合が多くなりましたが、もともとそうではありませんでした。どこのお宅でも大切にされ、尊敬されていました。昔の老人にも、頑固で自分のことしか考えないようなところはありましたが、その頑固さに意義があり、老人に存在価値があったのです。

私は、農村で生まれ育ちましたが、周囲には筋金入りの頑固な農家のおじいちゃんたちがいました。たとえば、私が五、六歳のあるとき、近所の頑固者のおじいちゃんが、田んぼの畔に立ち尽くし、じっと何かを考えていました。腕を組み、目をつぶって考え込んでいるその姿には、どこか威厳がありました。私は、恐る恐る近寄り、何をしているのか聞いてみました。するとそのおじいちゃんは、私に向かって、「風はどっちから吹いているか」「湿っている風か、乾いている風か」「カエルはどんな声で鳴いているか」「水のにおいはするか、しないか」「電車の音はよく聞こえてくるか、あまり聞こえてこないか」などと、矢継ぎ早に聞いてくるのです。

感じるがままに私が答えると、「うーん、雨は近いな、米は順調。そろそろあの野菜の種をまこう、田の草取りもそろそろはじめんと」などといい、息子さんに指示しはじめました。息子さんは、いちいち「うんうん」とうなずき、てきぱきと作業を進めていきます。息子に指示するおじいちゃんには威厳が感じられ、息子さんがそのおじいちゃんを尊敬し、大事にしているのを、私は子どもながらに強く感じたものでした。小柄でしたが、日焼けした筋肉質のおじいちゃんの姿に、いいようのない感動を覚えたものです。

当時のおじいちゃんたちは、本当に頑固でした。明治生まれの年寄りはみんな頑固で困る、などという言葉をよく聞きました。しかしその頑固さは、自分のことしか考えられなくなった頑迷さ、自分の考えだけが正しいという頑固さではなく、大地とともに生き、大地から学び、その恩恵に感謝しながら働きぬいてきた経験から生まれた信念に基づいた頑固さでした。中途半端に教育を受け、自我を主張しなければならないというような頑迷さ、年を取った衰えからくる頑固さではなかったのです。ですから、若い人も納得し、嫌ったり避けたりせず尊敬できたのだと思います。

加えて、当時の老人は早死にでした。六十歳代をすぎ、七十歳代に入れば、次々に亡くなっていきました。働いて、働いて、のんびりする暇もなく亡くなっていくというのが、普通でした。今のうちに親を大事にし、いろいろなことを教えてもらっておこうと思うのが、息子たちからすれば当たり前のことでした。当時のおじいちゃんたち全員がそうであったとは思えませんが、厄介者扱いされることは稀でした。

この点は、おばあちゃんたちにも当てはまります。私の子どものころは、先祖の年忌法要の後のお斎（食事）は、一般に座敷のお仏壇の前でふるまわれました。今ではほとんど料理屋さんですが、昔は仏事の料理は仏さまとご先祖に召し上がっていただくという目的で作られました。もちろん、仏さまもご先祖も実際は召し上がりませんから、その料理は住職と親戚の人々が代わっていただくわけですが、それでも仏さまとご先祖に召し上がっていただくわけですから、それこそおばあちゃんは必死に魂をこめて作られたのです。おまけに当時、「法事は孫の祭り」という言葉があったように、大勢の孫たちも集まりました。おばあちゃんの作ってくれたご馳走が食べられると、わくわくして集まってきました。おばあちゃんにとっては、料理を作るのは深い喜びでもありました。

そして注意すべきは、昔は農家の食材はほとんど我が家の畑や田んぼでとれた野菜が中心。芋や大根、人参、蓮根などです。数少ない調味料でおいしく作るのは、やはり熟練したおばあちゃんの仕事でした。若いお嫁さんはかないません。自家製の野菜を、少ない調味料で料理するという、いわば原始的な料理は何といっても経験と磨きぬかれた勘がものをいいます。おばあちゃんの、真剣な顔と調理法を覚えようとするお嫁さんの真剣な顔は、子ども心にも感動的でした。おばあちゃんには存在感があり、威厳すら漂っていました。

法要が終わり、親戚の人々が喜んで帰ったあとのおばあちゃんの顔は、輝いていました。おまけにおばあちゃんの料理は、親戚の人々がめいめいにおみやげとしても持ち帰り、その家の仏壇にお供えし、家族が分け合っていただくのです。喜んで分け合う様子を思い描き、充実感と安堵感に充たされたおばあちゃんたちの顔が、私には忘れられないものとなっています。おじいちゃん、おばあちゃんには、彼らの役目、彼らでないとできない仕事があったのです。こうして彼らは尊敬され、惜しまれながら、短命な人生を終えていかれたのです。

ところが現代では、彼らでないとできない役目が減ってきました。天気予報のデータは、おじいちゃんの勘より精度を増したでしょうし、おばあちゃんの手料理は、食材の変化や調理法の変化でお嫁さんや料理屋さんに取って代わられました。最近よく聞きますが、現代のおばあちゃんの言葉は、「どうせ私の作った料理など孫たちは喜ばないから、私がお金を出すからレストランに行こう」だそうです。悲しい言葉だと私は思います。レストランでできない料理を、おばあちゃんに開発してもらいたいと思うのですが、おばあちゃんの価値はお金にも取って代わられてしまったのでしょうか。そういえば、お年寄りの年金が息子にねらわれているとか、年金があるから何とか息子たちに大事にしてもらっているのだという言葉を、おじいちゃんやおばあちゃんから聞くようになったのですが、何とも淋しいことではありませんか。

ますます平均寿命が長くなっている現代、高齢者の存在意義はいったいどうなるのでしょうか。このような状況を脱して、高齢者が真の存在意義を取り戻すためにはどうすればよいのかを、親鸞聖人にたずねてみましょう。

三　高齢者の復権をはたす

家族内での高齢者の復権の可能性

もはや「家族」といっても、昔のような家族を求めることはできないでしょう。おじいちゃん、おばあちゃん、息子夫婦、孫たちが一緒に住むような家庭は、ほとんど見られなくなりました。せいぜい同じ敷地の中に息子夫婦の新居を建て、別生活をしながらときどき孫の顔が見られるのが、いわゆる「敷地内別居」といって理想のようにいわれています。しかしこのような形は、敷地の広い田舎ではできても、都会ではまず無理でしょう。せいぜい、ときどき息子や孫がやってきて家族らしさを保っているというのが、現代の家族なのではないでしょうか。

しかし、家族は家族です。別居し、離れていても、家族の絆は保てます。そのためには、すでに述べました「自分のことしか考えられない」老人になっては絶対にいけないのです。ますます存在意義もなくなり、疎まれ、嫌われ、孤立していってしまいます。煩悩のなすがままに支配されているような老人であってはならないのです。煩悩に打ち勝った人間にならねばなりません。しかし、親鸞聖人であっても、煩悩に打ち勝つことはできませんでした。そこで、先ほども述べましたように、煩悩に感謝できる人間になることです。煩悩のお陰で、阿弥陀さまの本願に出会うことができた。煩悩から逃れられない凡夫ほど、救いの対象にしていただいていると、煩悩に感謝しながら、煩悩から離れさせていただき、貪・瞋・痴の三毒を超えさせていただくのです。すると、家族のおじいちゃん、おばあちゃんを見る目が、変わってくるはずです。老人特有の「我《が》」の強さが和らげられていくはずです。つまり、とげとげしい角《つの》や角《かど》が消えていくのではないでしょうか。

老人は、家族の脇役が似合うと、私は思うのです。家族という舞台での脇役になるのが、大切な高齢者の役割だと考えています。主役を若い人々にやらせ、脇をしっかりかためるのです。脇をかためることは、じつはむずかしいことです。他の役者たちとの関係、バランス、間の取り方などをいつも考えなければならないからです。間の絶妙な取り方などは、長年の経験と勘がはたらかなければ無理でしょう。それを高齢者がするのです。それができてこそ、家族全体が参加する芝居、劇が成功するのです。そのためには、老人が我をはってはいけないでしょう。自分の気持ちは最後にして、若い人の気持ちを生かしていかなければなりません。若い人が失敗しそうなとき、絶妙のタイミングでアドリブをはさんだりすれば、若い演技者に喜ばれ、尊敬されます。それを自慢せず、しみじみと我が心の喜びとしていくことに、老いる者の喜びがあると思えるのです。

以前、私は学生に対して、親子関係のあり方についてアンケートをしたことがあります。自分に対して、親にはどのような態度をとってほしいかということをたずねたわけです。すると大半の学生が、「距離をおいて見守ってほしい」と答えたのです。近づきすぎて暑苦しくなるような関係は好んでいません。かといって、やはり親子ですから、どこからか見守っていてほしいのです。この近づきすぎず、離れすぎない距離、間が大切でしょう。

若者に嫌われたくなければ、我をはらず謙虚に若者の心を理解すべきだと思います。昔の老人は、このようなことがわかっていました。高等教育を受けなくても、経験から学んだ生活の知恵のようなものがあったからです。下手に教育を受けると、自分の考えを押しつけることになり、失敗することが多いのです。親鸞聖人のように、徹底的に自分を反省する人は、自我がいかに我欲に支配されているかがわかっていますから、そのようなことはされないでしょう。

「不即不離」という言葉がありますが、自分の我、自分の考え方だけを押しつけず、相手の考えにも配慮し、つかず離れずの関係を保つことをいいます。ちなみに、斎藤茂太氏も次のように述べておられます。

同居するしないにかかわらず、親子関係で重要なことは、つかず離れずという距離感を保つことでしょう。（『上手な老い方』してみませんか』一六八頁、角川文庫、二〇一四年）

こうして阿弥陀さまの慈悲心をいただき、謙虚に若い人々の考えを理解し、時代とともに歩もうとすれば、たとえ離れ離れの家族であっても我々高齢者のことを思いやってくれるようになるでしょう。思えば、親鸞聖人の家族も京都と越後で別居生活でしたが、固い心の絆で結びついていました。恵信尼の消息を読めば、そのことがよくわかります。こうして聖人の胸中を察すれば、我々の孤独感も癒され、老人性うつ病などの予防にもつながり、高齢者の立ち位置が見つかり、復権も可能となるはずです。

社会での高齢者の復権の可能性

電車などで若者に席を譲られても、拒否したり、ふてくされている高齢者をときどき見かけます。その人は、若く見られないことに不服なのかも知れませんが、若い人から見ればやはり若くはないのです。若く見られたいという欲望に執着していると、疲れているのにわざわざ席を譲ろうとする若者の気持ちがわからなくなります。若者からすれば、席を譲るのもちょっと照れくさく、ときには恥ずかしく思えることもあるものです。それでも譲ろうとする思いに、素直に感謝し、心からうれしそうに座るのも高齢者の役割でしょう。そうすれば若者だってうれしいし、うれしいと思われている高齢者もうれしくなるはずです。若者の好意に素直に応じることができなければ、いよいよ厄介者になってしまうのではないでしょうか。

釈尊は、次のようにおっしゃいました。

年をとる、老化する、死に向かって生きていくという現実を素直に認め、認識できる人こそ、この世で最も幸せに生きられる人である。

最近、「人に迷惑をかけたくない」とおっしゃる高齢者が多くなりました。高齢者の私には、そのようにおっしゃる方の気持ちが、痛いほどわかるようになりました。体が弱り、頭も弱ってくると、何かと若い人々に迷惑をかけざるをえないからです。できるだけ若い人に迷惑をかけないよう頑張ることは、たしかに大切なことです。しかし、限度というものがあります。限度以上に頑張ってしまうと、かえって世話をかけ、迷惑をかけてしまうことがあります。そもそも、迷惑をかけざるをえないのが、人間というものです。生まれるときも死ぬときも、一人ではどうしようもありません。そうであれば、迷惑をかけることを自覚し、いざとなったらお願いしますと、日頃から心しておくことも、老いる者の道だと思うのです。

姨捨山《おばすてやま》のお話はご存知のことと思います。いろいろな説があるのですが、働けなくなった老人を山に捨てる、あるいはこれ以上生きていると家族の食料が不足してしまうので、高齢者自身が自発的に死に場所に行って命を絶つというようなお話です。作家の深沢七郎氏が書いた『楢山節考《ならやまぶしこう》』という小説があります。老女おりんが主人公ですが、「おりんは七十になった正月にはすぐに行くつもりだった」（『楢山節考／東北の神武たち――深沢七郎初期短編集』二〇～二一頁、中公文庫、二〇一四年）という記述があります。村の掟にしたがって七十歳になったら死に場所がある楢山に行くと決めていたのです。そして歯も抜けたきれいな年寄りになって死に場所に行こうとし、火打石で自分の歯を折ろうとしたとも書かれています。さらに彼女は、山に行く日に雪が降ることを願っていました。雪が降ればそれだけ早く楽に死ねるからでした。こうして野ざらしとなってカラスに食べられることを楽しみにし、これ以上家の食料を食べて家族に迷惑をかけることのないようにしたのです。

こんなに凄まじい死に方をして、人々に迷惑をかけないようにすることが、現代の我々にできるでしょうか。もちろん昔の人のすべてが、こんなことをしたとは思えません。しかし、こういう生き方があったということは事実です。到底真似のできることではありませんし、時代も違います。そうであれば、時代の恩恵を素直に受け、若い人々の好意を素直に受け入れることが大切だと思います。七十歳で楢山に行ったおりんの姿を念頭にしながら、七十歳を超えても姨捨山に行かないですむ境涯を喜び、素直に若い人々のお世話を受ければよいのではないでしょうか。

自分のことしか考えない頑迷さを捨て、さまざまな人々の思いやりをできるだけ素直に受け入れうる自分に変え、自分をコントロールしていくことが老いる者の道だと思えます。これができるとき、「いいおばあちゃんだなあ」「こんなおじいちゃんになりたいな」と、若い人はいってくれるはずです。

では、最後にこのような、いわば「老人道」のような生き方ができるようになる根拠を、聖人にたずねてみましょう。

他力の教えと老人道

先にも少し触れましたが、聖人はこんなことをおっしゃっていました。「義なきを義とすということは、なお義のあるになるべし」と。「義」とは人間の分別、はからいのことを指します。ですからこの文の意味は、人間の分別、はからいを捨てることこそが正しいと分別することも、また分別、はからいであって正しくはないということです。ようするに、正しいとか正しくないということは、人間の側の分別、はからいであって意味がない。仏さまを信じ、念仏もうしていれば、仏さまの智慧が私たちの中に満ち、はたらいてくださるのだから、これに感謝して生きていればよいということになります。生きるのも、老いるのも、死ぬのも、すべて阿弥陀さまのお心のままのことだから、おのれの分別やはたらきは加えなくてよいとおっしゃっているのです。

考えてみると、現代の日本人は、高等教育を受けることによって、中途半端な知恵をもつようになってしまったと思える面もあります。高学歴社会になり、知識人が多くなった反面、知識が逆に人の心を貧しくしてしまっている面もあるのではないでしょうか。大学で教えているころ、そう感じることがよくありました。私が子どものころ、教育はないけれど、仏さまの智慧に満たされたおじいちゃん、おばあちゃんたちがおられました。知的な顔というより、しわくちゃな顔でも、輝きのある幸せそうな顔をされた老人がたくさんおられました。こんなお年寄りは、家族に好かれ、地域でも親しまれ、どこか尊敬されていました。「わたしゃ、阿弥陀さまに全部おまかせしましたから、何にも心配することはありませんわ」といいながら、幸せそうに笑っている方が、結構多くおられたように思います。高齢化社会の今こそ、このような方々の心の中を学ぶ必要があると、つくづく思うのです。学歴などなくても、老人道が心の中に生きていたのです。

妙好人的な生き方

親鸞聖人の教えを継承してきた真宗には、「妙好人《みょうこうにん》」といわれる方たちがいました。じつはこの妙好人の生き方こそが、現代の我々高齢者に重要なヒントを与えてくれると私は思うのです。

妙好人という言葉は、聖人が七高僧と呼び尊敬された七人の高僧の一人である善導大師が、「念仏の者は、すなわちこれ人中の好人なり、人中の妙好人なり」（「信巻」聖典二四九頁）といわれたことに由来し、泥沼のようなこの世の中で白い蓮の華のように清らかに生きる人という意味をもちます。こうしてこの言葉は、念仏者を讃える言葉となり、たとえ学問がなく社会的な地位が低くても、本当の信仰をもつ人の代名詞になりました。

そこで代表的な妙好人の中から、ここでは二人の妙好人を取り上げてみます。

讃岐の無学な農民庄松（一七九九～一八七二）は、あるとき人に意地悪をされました。真宗で最も大切にされる「浄土三部経」の中の『無量寿経』を読んでみろといわれたのです。字が読めない庄松に読めるはずがありません。ところが庄松は、このお経を、「庄松を助けるぞよ、庄松を助けるぞよ」と読んだというのです。経典の字面は読めなくても、阿弥陀さまが庄松を救おうとなさる本願が説かれていると、ずばりいいきったのです。もし字が読めれば、字句にとらわれ、このようには読めなかったはずです。

また庄松が臨終を迎えたとき、友人が庄松を安心させようと、「あんたが死んだら、ちゃんとお墓を建ててあげるよ」というと、「わしは墓の中なんかでなく、お浄土に往くから、そんなものはいらん」といい放ったといわれています。聖人が説かれた真意を、しっかりとつかんでいて、すでに知識や教養を超えた正定聚の世界に住んでいることがわかります。繰り返し述べてきましたが、正定聚の世界に住まわせていただいていることが、老いの道に光を当て、希望を生む老人道となるのです。

さらに例をあげると、庄松は、あるとき友人たちと京都の本願寺に参詣しますが、帰り道、大坂から讃岐に向かう船に乗りました。ところが嵐にあい、友人たちは仰天して右往左往しますが、庄松だけは高いびきで寝ていました。友人が起こすと、「ここはまだ娑婆か」といったそうです。すべてを仏さまにお任せしきった庄松にとっては、もはや娑婆と浄土の区別もありませんでしたし、娑婆への分別、はからい、執着も消え去っていたのです。こういう生き方が、聖人の教えから出現する生き方なのだと、私は思います。

また浅原才市《さいち》(一八五〇～一九三二)は、島根県の人。職業は船大工でしたが、晩年は下駄を作り、これを売って生計を立てながら、熱心にお寺に通い、念仏をとなえ続けました。六十四歳から阿弥陀さまへの思いを詩に託し、ノート百冊分も書きつづりました。その中には、こんな詩があります。

わしのこころを、あなた(阿弥陀さま)にあげて、
あなたのこころを、わしがもろをて。

(楠恭編『定本妙好人才市の歌』一二頁、法藏館、一九九九年)

自分の心を、すっかり仏さまに受け取ってもらうというのです。とすれば、自分の心は

空っぽになります。空っぽになれば、仏さまのお心が心一杯に注がれます。空っぽにならなければ、仏さまの心は入りにくいのです。自分を仏さまにすっかり受け取ってもらうということは、非常に重要なことだと思われます。空っぽになれば、仏さまの心も、若い家族たちの心も、自分を取り囲む社会の人々の心も、ごく自然に入ってくるようになります。

聖人は、海がお好きでした。どんな大きな河の水も、どんなに小さい汚い川の水も区別することなく、平等に受け入れ、一つの味にしてしまうからです。ちなみに「正信偈」には、

衆水、海に入りて一味なるがごとし。（如衆水入海一味）（聖典二〇四頁）

と表現されていますが、才市も海のような心にしていただき、自分のことなど考えず、あらゆる人の考えを受け入れるような人になれたのでしょう。

才市は、こんな詩も作りました。

才市や今息切れたらどうするか
はい　はい　あなたの中で切れまする
なむあみだぶつ　なむあみだぶつ。
（楠恭・金光寿郎『妙好人の世界』一四八頁、法藏館、一九九一年）

才市は、いつも阿弥陀さまに寄り添い、阿弥陀さまも才市にいつも寄り添ってくださっ

ていました。阿弥陀さまに寄り添うことは、阿弥陀さまが救いの対象になさる、あらゆる人に寄り添うことになるのです。自分のことしか考えられなくなってしまう我々高齢者は、ここのところをよく理解しなければならないと思います。頑固で頑迷になり、三毒に縛られて動きがとれなくなっていく私を、仏さまにおあずけし、仏さまのお心をもらって若い人々に接しようとする態度が、老いる者の生き方、つまり老人道になるのです。

もちろん、接するといっても押しつけがましい接し方であってはなりません。謙虚で空っぽな、しかも阿弥陀さまの心に満たされた心で、不即不離の接し方を保っていく態度が、高齢者の新しい老い方、生き方になると私は考えるのです。この態度で生きていけば、肉体は衰えても、心は豊かになっていくはずです。というより、肉体も活性化され、身心ともに充実していくと思えるのです。

第四章　病を安心して受け入れる

一　病と信仰―仏とともに病む―

痛みを引き受けてもらう

藤腹明子氏は、次のように述べておられます。

かつて、すい臓がんの妻を看取った知り合いの男性から、奥さんの痛みが激しいとき、息子や娘、友達がさすっても痛みはとれないのに、夫である自分がさすると不思議と痛みがとれたという話しを聞いたことがあります。これは、信頼する夫の行為が、妻の身体の痛みを伝える門の扉を閉めた結果なのかもしれません。

（『死を迎える日のための心得と作法17カ条』一二七頁、青海社、二〇〇六年）

また医師の大津秀一氏も、あるとき患者さんに次のようにいわれたと書いておられます。

苦しい時やつらい時は、患者はお医者さんにただ手を握ってもらうだけで有り難い時もあると思うの。それを知っていると、先生ももっとよいお医者さんになれると思うわ。

（『人生の〆方──医者が看取った12人の物語──』九七頁、新潮文庫、二〇一五年）

そういえば、私が若いころ、作家の遠藤周作氏が新聞にこんなことを書いておられました。遠藤氏は若いころ結核になられ、そのときに病院で体験されたことですが、末期癌などで患者があまりに痛がるときには、看護婦さんが「手を握ってあげるの。手を握るとなぜかしだいに落ち着くから」といったというのです。そのとき遠藤氏は、「そんな馬鹿な話はないと思った」というのです。

ところがそののち、遠藤氏が六時間にわたる手術を受け、麻酔が切れ、激痛に襲われたとき、

看護婦がみかねて手を握ってくれた。私が痛さのあまり手に力を入れると、彼女もぐっと握りしめてくれる。（あなたの痛いこと、よく分かっているわ）。まるで彼女の手はそう言っているようである。それが何回もつづくと私は彼女がまるで私の痛みを半分引き受けてくれているような気持になり、次第に呻き声を出さなくなった。

この経験がクリスチャンの遠藤氏にはまことに貴重なものになったそうです。氏は次のように述べておられます。

私がイエスのなかに苦しむ人の手を握ってくれる「同伴者」のイメージをみつけたのも、また現在、お医者さまや看護婦さんに会うたびに「患者の痛みを理解している」

言葉や表現を使ってほしいとお願いしているのも三十年前の経験のおかげである。氏はこのとき、イエスが自分とともに病んでくださっていると実感し、本当のクリスチャンになれたと確信されたそうです。

仏さまが一緒に病んでくださっている

仏教にも、「衆生病むがゆえに仏病む」という言葉があります。

私は子どものころ、風邪をひいて学校を休み、家で寝ていることがとてもうれしかった記憶があります。というのは、日頃忙しくてなかなかかまってくれなかった母が、その日ばかりは布団のそばに座って心配そうにじっと私を見守ってくれていたからです。そして貧しい時代でしたから、いつもは食べられない玉子焼きや焼き魚、梅干し、お粥などを作ってくれ、母親の顔を見ながら枕元で食べていると、無性にうれしくなったものです。きっと私の病気を半分受け持ってくれているというような思いが、はたらいていたのだと思います。実際、体が楽になったように思えたのです。物理的にいえば、そんなはずはないでしょう。しかし、母がそばにいてくれたときは、早く回復したように記憶しています。

では、仏教の「衆生病むがゆえに仏病む」という言葉は、どのようなことをいうのでしょうか。

とかく年をとり、一人でベッドに臥せっていると、世の中で苦しんでいるのは自分一人だけだと思いこみ、孤独感に襲われがちです。しかし、じつはこのときこそ、仏さまを知ること、信じること、一緒に生きることを実感するチャンスになりますし、何のために病むのかを知る良いきっかけともなるのです。

そこでまず、親鸞聖人、蓮如上人、そして病におかされながら深い信仰に到達した明治の哲学者清沢満之先生に、病と信仰の関係についてたずねておきたいと思います。

二　親鸞聖人の信仰と病

なぜ病気になるのか

住職として、よく私は「念仏をとなえていれば、その功徳で病気にならなくてすみますか、もし病気になっても治りが早いでしょうか」などと聞かれることがありますが、返答に困ってしまいます。一応「お念仏をとなえれば病気にならないなどと、親鸞聖人はおっしゃっていませんし、お念仏をとなえれば病気の治りが早いかどうかはわかりません。でも少しは苦痛が和らぐのではないでしょうか」などとお答えしているのですが、もう少し病に対してしっかりと対応するため、ここで聖人が病に対してどう考えておられたかについて考えてみたいと思います。しかし、聖人が病について直接言及された文は見つかりませんので、間接的に語られたものを見てみます。

『歎異抄』には、次のような文が見えます。

業報《ごうほう》かぎりあることなれば、いかなる不思議のことにもあい、また病悩苦痛《びょうのうくつう》せめて、正念《しょうねん》に住せずしておわらん。（聖典六三五頁）

この文の意味は、私たちは過去の行為のむくいのために、自分の思い通りには生きられない。どんな思いがけないことにあい、また病気の苦しみにせめたてられ、心の平静を失って死んでいかねばならないかも知れないというものです。つまり過去の行為、諸縁が集積されて現在の自分があるので、自分の望み通りにいつまでも健康であることはできません。意に反して病にもなるし、死を迎えなければならない場合もあるとおっしゃるのです。ですから、病気になって神も仏もあるものかと神や仏を憎んだり、恨んだりすることは筋違いなことであって、あくまでそのまま受け入れるべきものなのです。問題は、これをどのように受け入れるのか、きちんとこれを受け入れ、引き受け、どのようにして病とつき合い、病の身を生きるかというところにあるのです。

今でも忘れられませんが、私が子どものころ、あるご門徒のお宅に月参りにまいりますと、長いあいだ臥せっておられた高齢のおばあさまがいらっしゃいました。相当重い病気

で、苦しそうな姿をされていましたが、お声をかけると、

私はこの病気と一緒に暮らしております。この病気は身から出た錆でもあるのですが、今では阿弥陀さまからいただいた病気だと思って、大事におつき合いさせていただいておりますわ。

といって、苦しそうでもありますし、うれしそうでもあるお顔をなさっていました。そして最後は、「もう、みんな阿弥陀さまにおまかせしました。ナンマンダブツ、ナンマンダブツ、ありがたい、ありがたい、ありがとうございます、ありがとうございます」とお仏壇にも、私にも手を合わせてくださったのです。私には、この老婆がどうしてこのようにいい、こういう姿を見せられるのか、当時はよくわかりませんでした。しかし、今ではよくわかる気がします。病の苦しみを見事に喜びに転質されていたのです。

その老婆の中で、阿弥陀さまが一緒に病んでおられたのでしょう。そのことに気づき、確認し、感謝することがその老婆の日課であり、それが仕事になっていたのでしょう。今にして思えば、この老婆が臥せっておられた部屋は、昼間でも薄暗い質素で粗末な部屋でした。

阿弥陀さまに叱られてしまいました

また数年前、ある高齢の女性を病院に見舞ったときのことです。じつは二度目の見舞いでした。最初に見舞ったときのその女性の表情と、半年ほどたって二度目に見舞ったときの表情は、まったく違うものでした。最初のときにも、枕元にはお数珠がおいてあったのですが、それを手にしてお念仏をされているとはとても思えませんでした。入院まで、仏事はきちんとお勤めなさっていた方でしたが、病気になってからは完全に病気に負けてしまわれたかのように、ただ無気力でうつろな目を私に向けておられるだけでした。私が何をいっても、ただ儀礼的にうなずく素振りをされるだけでした。仏さまと一緒に病んでいるという感じは、残念ながら見られませんでした。空しい気持ちで、病室をあとにせざるをえなかったのです。

ところが、二回目に見舞ったときは、本当にびっくりしました。病室に入るやいなや、すぐに表情が変わっていることに気づかされたのです。病室に入った私の姿を見つけ、やさしく明るい声で「住職さん」と声をかけてくださったのです。そして目を輝かせ、「私、このあいだ、阿弥陀さまに叱られてしまいました」とおっしゃいました。「どういうことなんですか」とたずねると、次のように話してくださいました。

「十日ほど前の夜、夢の中に阿弥陀さまが現れてくださったのです。目に一杯涙をためて、

『おまえは何をしているのか、今まで何のためにお仏壇に手を合わせてきたのだ、おまえが幼ない子三人を続けて亡くしたときから、いつも手を合わせて、私と一緒に生きていきますといっていたではないか。それなのに自分が病気になった途端、愚痴しかいわなくなってしまった。こんなにおまえのことを案じているのに、ちっともおまえは私の気持ちをわかってくれない』と叱ってくださったのです。そして私に、『私は悲しい、だからどうぞ私の気持ちをわかってくれ』と涙ながらにおっしゃってくださいました。私は申し訳ないやらうれしいやら。目がさめると、枕は私の涙で濡れていました。住職さんが以前おっしゃった『衆生病むがゆえに仏病む』という言葉は、こういうことだったのですね」。

この話を聞いたとき、この女性の心の中に阿弥陀さまがいらして、この女性がそのことに気づき、目覚めたのだということを実感し、とてもうれしく感じたものでした。これに気づくまで、この女性は、病に愚痴ばかりをこぼしていたのですが、阿弥陀さまのお叱りを縁にして、この病をそのまま受け入れ、阿弥陀さまとともに病み、深い信仰をいただくようになったのです。病を縁にして阿弥陀さまの思いやりに気づき、本当のいのちというものに気づいたのだといえます。このことがあってから、この女性の闘病生活は、見違えるほど理想的なものになりました。病気の進行によって、ときどきは愚痴も出てきました。しかし、その愚痴とともに、昨日は阿弥陀さまとこんな話をしました、今日はこんな話もしましたと、うれしそうに語られました。お顔の輝きが次第に深くなっていくように、私は感じました。

そして、いよいよ最期が近づいたとき、次のようにおっしゃいました。

「いよいよお浄土に参ることになりました。正直いって、ちょっぴり不安なのですが、でも阿弥陀さまが一緒にいてくださるし、親鸞聖人もお浄土で待っていてくださるから大丈夫。お浄土に生まれたら、まず先に往生した夫と、若いころ亡くしてしまった三人の子どもたちに会います。会えますよね。住職さん。倶会一処というんですから、きっとそうなりますよね。でもこれは、人知を超えたことですから、阿弥陀さまにおまかせするしかありませんよね。しっかり私を叱ってくださった阿弥陀さまだから、そうしてくださいますよね。我儘いってはいけませんけど、そう思って私は往きます。病気になって本当によかった。こんな気持ちにさせていただけたのですから。住職さん、ありがとう。お先に参ります」

まるで独り言のようにつぶやいて往生なさいました。

この方にとって、たしかに病は辛く苦しいものでしたが、阿弥陀さまと一緒に生きることの大切さに気づき、

浄土にてかならずかならずまちまいらせそうろうべし。

（『末燈鈔』聖典六〇七頁）

と、お浄土で必ず待っていると約束してくださった親鸞聖人を信じ、これをご縁に浄土往生の因になさったのです。

親鸞聖人の信仰からすれば、病はこのような意味をもつものになるはずです。ひとまず、聖人の病の見方を、このような角度から考えてみました。次に、蓮如上人の病に対する見方と対応の仕方を学んでみましょう。

三　蓮如上人の信仰と病

病はなかなか喜べない

蓮如上人は、ご自作の御文《おふみ》に、述べておられます。

法然上人の御詞《おんことば》にいわく「浄土をねがう行人《ぎょうにん》は、病患《びょうげん》をえて、ひとえにこれをたのしむ」とこそおおせられたり。しかれども、あながちに病患をよろこぶこころ、さらにもって、おこらず。あさましき身なり。はずべし、かなしむべきものか。

（『御文』聖典八二九〜八三〇頁）

他力の信心は、阿弥陀さまからたまわるものであり、たまわったとき、すでに往生は定められるのです。それならば、病も喜べそうなものですが、自分には法然上人のように病気を楽しむ心も喜ぶ心もおこらないとおっしゃるのです。

しかし、ここに蓮如上人の気取りも気負いもない、正直な病への態度があると私は思うのです。蓮如上人の病の見方、対応の仕方には、見事さや美しさというのではなく、正直で人間的な特徴が見られます。逆に、それゆえに、誰もが上人に心惹かれるものを感じたのではないかと思いますが、今はこのような点に触れておきます。

強靭な蓮如上人の肉体も、明応六（一四九七）年ころからしだいに衰えはじめます。この年、上人は八十三歳でした。翌、明応七年四月になると、病は一層重くなります。この月十一日の「御文」には、次のようにしるされています。

それ秋さり春さり、すでに当年は明応《めいおう》第七、孟夏《もうか》仲旬ごろになりぬれば、予《よ》が年齢つもりて八十四《し》歳《さい》ぞかし。しかるに当年にかぎりて、ことのほか病気におかさるるあいだ、耳目《にもく》・手足《しゅそく》・身体こころやすからざるあいだ、これしかしながら業病《ごうびょう》のいたりなり。

（『御文』聖典八二九頁）

先に引用した「病を喜べない」という文は、この後に続くのですが、「心やすからざる」という言葉も、老いの悲しみを正直に言葉にされたものでしょう。

医師たちが呼ばれました。当初は重湯しか喉を通らなかったのですが、夏から秋にかけてやや回復し、「御文」も書けるようになりました。病名は老衰ということでした。ちなみにこの年齢は、時代を考慮すれば、親鸞聖人の死亡年齢九十歳とともに驚異的な年齢です。室町時代の平均寿命は、三十三歳であったといわれますが、その倍以上生きた蓮如上人も、近づく死をひしひしと感じるようになられました。明応七年十一月の報恩講に際して、次のように書いておられます。

愚老《ぐろう》、当年の夏ごろより違例《いれい》せしめて、いまにおいて本腹《ほんぷく》のすがたこれなし。ついには当年寒中《かんちゅう》には、かならず往生の本懐《ほんがい》をとぐべき条、一定《いちじょう》とおもいはんべり。

（『御文』聖典八三二頁）

翌年の明応八年二月、病状はさらに悪化します。当時住んでおられた大坂御坊で往生の本懐を遂げようと決め、葬場の準備をすることにされました。しかし突然、山科本願寺に移られることになります。お子さんたちが相談し、やはり山科に迎えようということになったのでしょう。

二月十八日に大阪を出発し、三日間かけ輿で静かに移動、二十日に山科に着かれます。翌日、蓮如上人は、親鸞聖人の御影に参拝されました。思えばこの像とともに、何度も苦難の旅をされました。まさに血の通う生きた親鸞聖人の像でした。親鸞聖人のもとで往生のできる深い喜びを、感じられたにちがいありません。情の深い蓮如上人には、一層そうであったことでしょう。信心さえあれば、どこで死のうが変わりはありません。しかし、そこに情がまつわるのが宗教というものです。このような情に、蓮如上人は正直に身を任せておられるのです。

二月二十七日、上人は、再度御堂で御影を拝されます。このころには、上人の病を聞き知った人々が集まっていました。この人々とお別れするため、上人はご自分の乗った輿を後ろ向きに担がせたりもなさいました。

同廿七日にまた御堂へ御参りあり。御かへりのとき御門徒の人々名ごりおしきとて、御のりものをうしろさまにかゝせられて、諸万人を御覧ありけり。

（『空善記』、稲葉昌丸編『蓮如上人行実』四五頁、法藏館、一九七二年）

人々は、上人の生の姿を見たかったし、できれば触れたかったし、手を握りたかったはずです。上人の姿を見、肌の温もりに触れることは、仏の温もりに触れる一歩であり、親鸞聖人の信心と教えにじかに触れることにもなります。それならば、門徒のために身を捨てた蓮如上人は、ただ門徒が喜ぶように振る舞うべきでしたし、門徒がなすに任せるべきでした。それが伝道者蓮如上人の使命でした。「名ごりおしき」という人間の情感を大切にしなければならなかったのです。病を押して多くの人々に接することは、楽なことではなかったはずです。苦痛も多かったでしょう。しかし、苦痛に耐え、喜んでそうなさったと考えられます。

御いとまごいにて候

上人の病状は、一進一退でした。三月七日には、医師の診察を受けられますが、胃の調子が悪く、脈の調子もよくありませんでした。この日、親鸞聖人の御影にいとまごいするために行水し、御影に対座なさいました。

極楽へ参る御いとまごひにて候、必ず極楽にて御目にかゝり申すべく候、とたからかに御申の事にて、諸万人なみだをながしけり。

（『空善記』、稲葉昌丸編『蓮如上人行実』、四六頁）

大勢の人々の前で大声でいとまごいをなさり、極楽で必ず親鸞聖人に会うとおっしゃったのです。親鸞聖人と蓮如上人と門徒の区別を解き放ち、強い絆で一つになっていることを身をもって知らせようとの思いから出た言葉でしょう。蓮如上人がお浄土で親鸞聖人と会えるなら、自分たちもいずれ必ず親鸞聖人や蓮如上人と会えるはずだ、門徒たちはこのことを肌で実感したに違いありません。宗教は頭の中に向かって説くだけのものではなく、心と肌で感じさせるものです。早く母に生き別れた蓮如上人は、肌の温もりを誰よりも大切になさったはずです。

三月九日には、頭北面西つまり頭を北に向け、顔を西に向けて臥せられます。親鸞聖人を描いた軸をかけ、臨終に臨もうとされたのです。

さらにこの日、ご子息たちを枕元に呼び、今後たがいに仲良く相談し合い、本願寺を興隆させるようにと諭されました。蓮如上人六歳のとき、実母が本願寺を去られるに際して懇ろに諭された言葉が、脳裏に去来したことでしょう。

三月十八日、もう一度ご子息たちに兄弟仲のこと、および信心一味について諭されます。

かまへて我なきあとに御兄弟たち仲よかれ。たゞし一念の信心だに一味ならば、仲もよくて、聖人の御流儀もたつべし、とくれぐれ御掟ありけり。

（『空善記』、稲葉昌丸編『蓮如上人行実』四八頁）

この文には、正直な親子の情と宗教性が自然に融合していると考えられます。

三月十九日には、重湯も御薬も飲まれなくなり、ただお念仏ばかりもうされるようになります。

三月二十五日、正午、静かに眠るように波乱の生涯を終えられます。八十五歳でした。

ところで、蓮如上人は、法然上人の言葉にあったように病を楽しむことはできないとおっしゃったのですが、このことは上人の病について考えるとき、非常に大切なことです。どんなに深い信心をもっていても、それは自身の力によって形成したものではありません。阿弥陀さまからたまわったものです。それならば、依然として肉体をもっておられる上人は、煩悩から離れえた存在ではありません。そのような上人にとってはやはり病は苦

しいし、死は喜ばしいものではありません。すでに引用した文ですが、親鸞聖人は、

真実信心の行人《ぎょうにん》は、摂取不捨《せっしゅふしゃ》のゆえに、正定聚《しょうじょうじゅ》のくらいに住す。このゆえに、臨終まつことなし、来迎《らいこう》たのむことなし。

（『末燈鈔』聖典六〇〇頁）

とおっしゃいました。しかしまた、

久遠劫《くおんごう》よりいままで流転《るてん》せる苦悩の旧里《きゅうり》はすてがたく、いまだうまれざる安養の浄土はこいしからずそうろうこと、

（『歎異抄』聖典六三〇頁）

ともおっしゃっています。阿弥陀さまによって、今すでに救われているにもかかわらず、苦悩のこの現実世界が恋しいといわれるのです。

救われて、何一つ心配したり苦しんだりする必要がないのに、悩み苦しむのが人間でもあります。親鸞聖人は、「他力の悲願は、かくのごときのわれらがためなり」（『歎異抄』聖典六二九頁）と知ってはおられましたが、このような人間の弱さを吐露し、正直に生きられました。悲願を喜びつつ、人間の弱さを吐露し、またそのような人間であることを喜んでもおられたのです。

私は、このようなところに、信心を得て、しかも煩悩をもったまま人間として正直に生きる姿を見たいのです。蓮如上人も、病に苦しみながら病める人間を見守る阿弥陀さまを見、死を厭いつつもそれを心配してくださる仏さまを仰いでいらっしゃるのです。それが、

他力の信心を抱きつつ病むということではないでしょうか。信心によって病気が治るわけでもなく、死の苦しみがなくなってしまうのでもありません。病に悩み死を恐れつつ、その事実を通して、仏さまの思いやりに気づき、その思いやりに抱かれて病むところに、蓮如上人の信仰と病む姿勢があったのではないでしょうか。

今、蓮如上人ならおっしゃるでしょう。人はそれぞれどんな病気にかかるかはわからない、老いて安らかに往生できるかもしれないし、若くしてもがき苦しまねばならないかもしれない。後者の場合、不安・恐怖に襲われるだろう。おろおろしたり、のたうちまわって神仏を恨むことになるかもしれない。それでもよい。しかし、取り乱した自分を案じ、このような私のために一緒に阿弥陀さまが苦しんでおられることを忘れてはならない。ちょうど病気の我が子を案じ、子ども以上に心を痛める母親がいるように。せめて苦痛が和らいだとき、子どもがお母さんと呼ぶように、阿弥陀さまに声をかけ念仏もうしなさい。そうすれば阿弥陀さまは、一緒に苦しみを分けもってくださり、苦痛も和らぐことになるだろうと。

家族のやさしい眼差しに囲まれることもなく、病院の冷たい器具に囲まれ、たった一人で病まざるをえない人が増えた現代ですが、心の中で阿弥陀さまの手をぐっと握れば、何倍もの力と温かさで握り返してくださることでしょう。そうしてみなさいと、蓮如上人なら勧めてくださるはずです。

上人が、病を喜ぶ心がおこらないと告白してくださった冒頭の文も、じつは病に苦しむ人々の心を和らげるために、正直に告白してくださった言葉に違いないと私は考えています。

四　清沢満之先生の信仰と病

結核にかかる

親鸞聖人と蓮如上人のお二人は、健康に恵まれ、それぞれ当時としては驚異的な長寿をまっとうされた方たちでした。

しかし、これから取り上げる清沢満之先生は、三十二歳のとき、当時死病とまで恐れられた結核にかかり、四十一歳で往生なさるまで、壮絶な闘病をなさった方です。しかし、闘病しながら深い信仰を得、病を生きる深い智慧を与えてくださった方です。そこで、ここでは清沢先生の信仰と病を生きる智慧について学びたいと思います。清沢先生については、なじみの薄い方もおられるかと思いますので、まず先生が結核になられるまでの経緯をたどっておきます。

文久三（一八六三）年、尾張藩士徳永永則、タキの長男として名古屋に生まれられました。清沢という姓は、のちに入った養子先の姓です。

小学校時代の成績は抜群で、神童と呼ばれていましたが、父が佐幕派の武士であったため、特に廃藩置県後は苦しい生活に追いやられ、幼少期は不遇でした。

しかし、十六歳の時、大きな転機が訪れます。このころ京都の東本願寺は育英教校を創立し、全国の英才を募っていましたが、母が通っていた覚音寺という寺を通じて、この学校に入学することができたのです。水を得た魚のように四年間勉学に励まれ、成績抜群のため将来を見込まれて、明治十四年、十九歳のとき東京への留学生に選ばれます。翌年、東京帝国大学予備門に編入学、成績は首席で、さらに文学部哲学科に入学。ブッセやフェノロサのもとで学び、じっくりと哲学を思索し、論理力を研ぎすませていかれます。明治二十（一八八七）年には大学院に進み、同年第一高等学校で、さらには哲学館（のちの東洋大学）でも教えられることになりました。名古屋から両親を迎え、まさに前途洋々の船出をなさるかのように見えました。

しかし翌年の明治二十一年、突然京都にもどられることになります。明治十（一八七七）年に創設され、後に京都一中になる京都府立尋常中学が経営難に陥っていたため、東本願寺に経営が依頼されたのでした。校長の人選が行われた結果、清沢先生が最適の人であるということになったのです。先生は迷われました。しかし、在家に生まれ、本願寺のお陰で教育を受けさせてもらった恩に報いなければと決意し、京都にもどられることになったのです。校長になられた先生は、同時に高倉大学寮に出講、また清沢やす子さんと結婚し、愛知県三河大浜の寺、西方寺の婿養子となられました。

しかし、明治二十三年、二十八歳のとき、大きな転機をみずからの手でたぐり寄せることになりました。じつはこのころから、自分は貧乏士族の子として生まれたが、思いもしなかったエリートコースに乗り、自信にあふれ、宗教、仏教、真宗の教理を近代的な哲学の俎上にのせ、今やそれを体系化しはじめている。しかし仏教の真髄、親鸞聖人の説いた教えの核心は、たんなる理性や論理ではわからないのではないかということに気づきはじめられたのです。一個の人間である自己をえぐり、今現に生きて存在するおのれ自身の血肉を通さなければわからないのではないかという思いが強くなり、徹底的に自己を知るため、身を賭しての禁欲生活に入ろうとされたのです。

妻子を故郷に帰し、今まで着ていた洋服をすべて人に与え、木綿の白衣に黒衣墨袈裟で行者姿となり、ついには煮たり焼いたりしたものを食べることまでやめ、そば粉をなめたり松脂《まつやに》などを食べられるに至ったといわれます。

さて、このような禁欲生活が三年以上続いた、明治二十七年一月、前年末から体調をくずしていた先生は、重い感冒にかかり、ひどい咳に襲われます。友人たちは、養生するようにすすめるのですが、それを聞き入れず、禁欲生活もゆるめることをされませんでした。春になっても回復しないため、友人たちは強制的に学校の欠席届に押印させ、四月二十日に診察を受けさせます。左肺上葉の結核でした。

しかし、先生は、落胆したり絶望したりはされませんでした。友人によれば、先生は友人に診断書を見せ、友人が教育や布教にとって痛恨無限、まことに悲しいことだといっているのに、本人は、「和気満面、反《かえ》つて病患を得たるを喜ぶものの如し」（井上豊忠『座右録』、『清沢満之全集』第三巻、七五四頁、法藏館、一九五三〜一九五七年）（以下『清沢満之全集』は、「全集」と略記）であったといわれます。このような態度の裏には、病によって逆に自己省察の限界に挑もうとする決意が察せられます。

今までの私は死んだ

当時の結核は、死の宣告のようなものでした。死病に襲われてなおその病に生きる自己を省察する絶好の機会が与えられたと喜ぶ、壮絶なまでの生き方が示されていると同時に、このころまで主として哲学的に考えられてきた信仰の問題も、以後は主体的、体験的に追求されていくようになりますので、この闘病との関わりを見つめ、清沢先生の信仰と病に対する智慧について学んでみます。

今までの徳永はこれで死亡した。この上はこの死骸は諸君の自由に任せませう

（徳永は清沢先生の旧姓、筆者注）（井上豊忠「我が清沢師」、「全集」第三巻、七五五頁）

という言葉は、このとき清沢先生ご自身が語られた言葉です。中学も大学寮もやめ、須磨の垂水に転地療養されることになります。血痰を吐きながらも、行を続けられます。たとえば九月九日の「保養雑記」には、午前中喀血したが、午後には「宗教は死生の問題に就いて安心せしむるもの也」と書いておられます。喀血の不安と恐怖感の中に宗教の意味が問われ、いかにして安心が得られるかが、主体的に問われているのです。九月二十八日には、沈黙の行がなされます。しかし、夜になると煩悩に襲われたので、午前二時半に起きて座禅し、読経し、そして念仏の意味をよくよく考えた、などともしるされています。

ここで特に注目しておきたいのは、少しむずかしい言葉が使われていますが、翌年、明治二十八（一八九五）年一月に書かれた次の文です。

極悪最下の機も、前念命終後念即生の深意、夫れ此《ここ》に至りて首肯《しゅこう》し得べきにあらずや。

（『保養雑記』、「全集」第五巻、六八頁）

悪の限りをつくした人間も、「前念命終・後念即生」という言葉の深い意味を知らせていただくとき、心からうなずき納得することができるという意味ですが、「前念命終・後

念即生」とはどのような意味でしょうか。これは、本願の力によって念仏の信仰をいただくとき、娑婆に生きてきた自力の自分が死に、そのまま浄土に生まれさせていただき、他力に生きる新しい生が成就されるという意味です。

じつは親鸞聖人が、『愚禿鈔』で次のように述べておられます。

本願を信受するは、前念命終《ぜんねんみょうじゅう》なり。即得往生《そくとくおうじょう》は、後念即生《そくしょう》なり。（聖典四三〇頁）

本願をいただくことが前念命終であり、今すぐに浄土に往生させていただくのが後念即生であるということです。そうだとすれば、先生はこのときには、すでに自分は苦しい闘病生活をしているが、本願により他力の信心をいただき、病身のまま浄土に生まれ、浄土に住まわせていただいているという自覚をもっておられたことになります。

親鸞聖人は、「即得往生」とは、時をへず、日もへだてずに浄土に生まれさせていただくことであるとおっしゃいました。このことを、先生は闘病に当たって取りあげておられるのです。ということは、闘病しながら常にこの聖人の信仰が体験され、実践され、深められていたということにもなるのです。この点に、特に注意しておきたいと思います。

ところで、先生も、煩悩をもった人間であることに違いはありません。何といっても、まだ三十二歳の若さでした。信仰をいただき、今、ここで浄土に住まわせていただいていると思っても、煩悩に襲われ愚痴が出、自分に腹が立つことを禁じることはできませんで

した。同年、明治二十八年一月、友人に宛てた書簡の末尾に、

肺病を治療の為で拝廟を遠ざかる身は常にがいたん慨歎咳痰（『全集』第五巻、一〇五頁）

などとしるしておられますが、「がいたん」の下に、「慨歎」と「咳痰」と書きこんでおられます。とぼけたような文の中に、咳や痰に悩まされ、肺病治療のために拝廟つまり親鸞廟参詣から遠ざかっていく自分を歎き、憤っておられるのです。しかし、見逃してはならない点は、このように愚痴のこぼれる先生ご自身を、煩悩多きがゆえに救いとろうとしてくださるのが弥陀の本願であると自覚し、その本願の世界すなわち浄土に包まれ、住まわせていただいているという喜びを噛みしめておられる点です。

三月十五日には、万一のことを考えて、「妻やすには余の心中も予《かね》て承知のこと、今別に云ひ遺すべきことなし。只だ後を宜敷き様重ねて依頼し置くのみ」（『全集』第五巻、八〇頁）と書かれるようになります。このように書かれる先生の心境には、死に対する覚悟とともに、今、浄土に住まわせてもらっているという満足感もうかがえます。

翌年、明治二十九年から三十年にかけて、宗門改革のために身をささげられますが、結局は挫折し、除名処分を受けられることになります。明治三十一年、除名処分を解かれた先生は、五月に家族をつれて京都から三河の西方寺に帰られます。病んだ体は、悲惨な状態でした。少し前の三月の書簡によれば、痩せていた体は一層痩せ、骸骨に皮をかぶせた

ような姿になってしまい、「勤労には堪へざるものと、近来愈々観念致居候」（「井上豊忠宛書簡」、「全集」第八巻、六頁）という状態でした。

病みつつ浄土に住み、浄土を喜びつつ病む

除名処分を受けたころから、先生は『阿含経《あごんぎょう》』を耽読《たんどく》なさるようになり、次のように述べておられます。『阿含経』を読んで感動したのは喀血に襲われ病床にいたためでしょう、教えの真の意味に達するためには、生と死の極限に立つことが最も必要です、すなわち「生死《しょうじ》巌頭《がんとう》の観に住すること尤も必要たるを知るべし」（『転迷開悟録』、「全集」第七巻、八三頁）と。

当時『阿含経』は、まだそれほど重要視されていませんでしたし、まして真宗においては、自力の教えそのもののように考えられていました。しかし、先生は、血を吐きつつ、文字通り生死の巌頭に立って読み進められます。これを読み終わると、釈尊の伝記が書かれた『仏本行集経《ぶっぽんぎょうじっきょう》』を読み、明治三十一（一八九八）年三月には、友人宛の書簡に、悉多《しった》太子《たいし》（釈尊の出家以前の名）の出家修道の姿に感動し、涙を流したと伝えておられます。

在病の寒生も、覚えず涙痕の衣襟を潤ほすを認め候。（「全集」第八巻、六頁）

血を吐き求道するご自分の思いを重ねた結果でしょう。このように信仰を得、それを喜

びつつ、さらに病を通して求道していくところに、病を超え、むしろ病にあることを深く喜んでいく道が開かれてくるのではないかと思われます。

また、この年の八月十五日から『臘扇記《ろうせんき》』を書きはじめられます。「臘扇」とは、西方寺に帰ってからの号ですが、臘とは陰暦十二月の別名ですから「十二月の扇子」ということになり、まったく必要のないもの、存在価値のないものという意味です。先生の、悲しい気持ちがこめられていますが、その先生ご自身を見つめて書かれた日記風のものが、この『臘扇記』です。しかし悲しいことばかりが書かれているかというと、その悲しみの底に、救済されていく深い喜び、つまり浄土に出会う喜びが息づいていることに注目したいと思います。

『臘扇記』の特徴は、ローマの哲学者エピクテトス（五五頃～一三五頃）の影響を強く受けておられる点です。先生は、このエピクテトスの『語録』を、「西洋第一の書」とまでいい、生死の境におられる先生に確信と信念を与えることになります。エピクテトスは、ストア派の哲学者で、身体に障害をもった奴隷でもありました。哲学者であって結核と養子先の人間関係などに苦しむ先生に、どこか通じるところがあったともいえるでしょう。

エピクテトスは『語録』の中で、人間には思いのままになるもの、つまり「如意《にょい》のもの」と、思いのままにならぬもの、つまり「不如意のもの」があり、疾病や死亡は不如意なもの、これを避けようとすればするほど苦しむことになると語っています。この意を受けて、先生は、十月十日の書簡に、「身体すらも（故に生死も亦）不如意のものと観却し去る」（「全集」第八巻、二二一頁）ことが必要であり、それによって心の安定を得るのが、エピクテトスの哲学の要所であると書かれます。本来、生死は不如意なものであるのに、これを自分の力で左右しようとしてきたところに、苦悶の原因があると気づかれるのです。ここにおいて、先生の生死観は大きく転換されます。

自分はもう生死に左右されない。生死は人間のはかりえない他力のありがたいはたらきによるもの、すなわち

生死は全く不可思議なる他力の妙用《みょうゆう》によるものなり。（「全集」第七巻、四一八頁）

と『臘扇記』に書かれることになったのです。生死に左右されず、これを他力の妙用に委ね、今を喜べるとき、先生は浄土に住まわせられているのだとおっしゃるのです。病の床に臥しながらも、浄土に住まわせられているとおっしゃるのです。

十一月二日の『臘扇記』によれば、七十五歳の老人が先生に向かって、死後極楽（浄土）に往生できるかどうかがわからない、あなたはどうかとたずねたことに対して、先生は、楽しい極楽があるか恐ろしい地獄があるか、そんなことはわからない、ただ『歎異抄』に念仏は極楽へ参るべき種であるか地獄に堕ちるべき種であるかまったくわからない、

ただ法然上人の教えを信じるだけだと親鸞聖人はおっしゃった、このことに心から信服していますとだけいっておられます。つまり、先生は、地獄や浄土があるから信じるのではない、そんなことを法然上人や親鸞聖人がおっしゃっているのではないといわれるのです。すべてを投げ出し、すべてを如来におまかせするから、他力のはたらきによって浄土が開けてくるのです。実在するから行くというものではなく、他力にまかせきり信じる喜びに満たされたとき、おのずから開け、存在するようになる世界なのです。こうしてこの娑婆に浄土があらわれ、娑婆がそのまま浄土になっていくのです。利害打算によって信じたり念仏をとなえようとするかぎり、浄土は遠くへ去っていくのです。信心をいただき、喜びに満ちて感謝の念仏をもうさせていただけるとき、浄土は目の前にあらわれ、存在するものとなります。

死んでから極楽へ行って楽しもうなどという魂胆であれば、どこまで行っても浄土に行き着くことはできません。たんに欲望につきまとわれ、地獄に住んでいることにほかならないのです。病苦に責められ、地獄にいるかのような先生が、逆に浄土に住まわせられ、浄土を味わわせていただいていると考えておられるのは、そのような理由によるのです。

このような心境を、十一月十六日、控えめに書いておられます。

エピクテート氏の所謂病に在りても喜ぶ者に達せざるべしと雖も、幾分之に接近するを得たるもの乎。

（『全集』第七巻、四〇九頁）

エピクテトスがいう、病にあっても喜ぶような境地にまでは至れないが、少しはこの境地に近づかせていただいているのではないだろうかと、謙虚におっしゃっているのです。このような文に、病みつつ浄土に住み、浄土を喜びつつ病む、清沢先生の姿を読みとるべきだと私は考えます。

つい愚痴や言い訳が

しかし、病気そのものは確実に悪くなっていきます。明治三十五（一九〇二）年六月には長男信一さん、十月には妻やす子さん、さらに翌年、明治三十六年四月には、三男の広済さんも往生なさいます。結核の感染によるものでしょう。

明治三十六年五月二日、これから原稿を送る旨を書かれた手紙の中に、次のような文があります。床に体を横たえてこの手紙を書いたため、字が汚く、原稿の論旨も「不明徹のところ多きかと存候えども」、とにかくお送りしますというものです。ついつい、悲しい言い訳や愚痴が出てしまうのです。そんなご自分を反省なさり、五月十七日の日記には、

自由なるものを自由にせずして苦しみ、自由ならざる者を自由にせんとして苦しむは、これ吾人の罪過と云はざる可らず。

（『全集』第七巻、四八三頁）

と告白されています。自由にならない病や死を、つい自分で何とかしようとする。しかし、何とかできないから、愚痴や言い訳をしてしまう。これは私の罪だと、ご自分を叱責なさるのです。しかし、これはたんなる叱責ではありません。このようにご自分を反省し叱責できるのは、じつは先生が浄土に住まわせてもらっておいでになるからです。罪を自覚し叱責できるのは、救いを得ておられるからできることでもあるのです。深い罪の自覚は、救いと表裏一体になっているのです。救いを確信していない人は、真に自分を叱責することはしません。自分を正当化し、他人を責める方向に向かいがちです。罪を見つめる自己の眼は、浄土に住まわせていただいている自己の眼でもあります。ですから愚痴が告白となり、懺悔となり、そしてやがて感謝の言葉になっていくのです。先生が、自己をえぐり、責め、叱咤する行為は、阿弥陀さまの救いを感じ、深く感謝する行為でもあり、その両面は一体になっているのです。

朝な朝な仏と共に起き、夕な夕な仏と共に伏す

いよいよ、病気はどうすることもできない状態になってきました。四月二十一日の、三男広済さんの葬儀の際に弔辞をもらった礼の書簡には、葬儀のあとひどい痔の痛みに襲われ、どうしようもなかったと書いておられます。さぞかし辛い状態であったろうと察せら

れますが、さらに五月二十九日の日記には、正直に、

本日快鬱。特に他人の行為の少しく憍傲なるものを我に対する大なる圧迫と感じ、憤懣的苦悶に堪へず。（『全集』第七巻、四八四頁）

と嘆いておられます。横柄な態度をとられたりすると腹が立って仕方がないというのです。身内の不幸、ご自分の肉体的苦痛、そして心理的な苦悩とも闘っておられたのです。

往生の五日前の、明治三十六（一九〇三）年六月一日、これが最後の書簡になったのですが、友人に、梅雨はうっとうしくてならない、特に肺病人には一層辛い。なぜだかわからないが、癇癪がおこり、同居人に八つ当たりしていじめてばかりいます。時々あまりにもひどいと、自分でも思うのですが、「つい反射的に煩悩が起るには愧ぢ入ります」（『全集』第八巻、一六九頁）と書いておられます。生きて浄土に住まわせていただきながら、煩悩は断ち難い。このことを、思い知らされておられるのです。しかしその裏で、煩悩から離れられないからこそ、そのような者のために本願がたてられていることを、しみじみと感じておられるのです。癇癪をおこしながら、癇癪をおこす自分こそが救われていると、感謝されているのです。浄土を体験するということは、いつも安定した気持ちでいられること、救われていると思えることであるとはかぎりません。

続けてその書簡には、先生の最後の号は、西方寺がある大浜は風が多いということから

「浜風」とつけられていましたが、この号は、ちょうど「小生の如き半死半生の幽霊には適当と感じて居ります」と、少し自嘲気味に書いておられます。そしてその末文に、「是《これ》でひゅーどろと致します」、つまりこれから「ひゅーどろ」と去っていきますと書かれ、また追伸には、諸君にはいちいち連絡しませんのでよろしくと断り、さらには従来の書簡で使われてきたいわゆる候文《そうろうぶん》をやめた友人を真似て、候を省いた文を書いてみたがどうですか、さようなら、つまり、「候の字を省きたる貴文をまねましたがどうですか。さよーなら」（『全集』第八巻、一七〇頁）と、ユーモラスに書いておられます。愚痴をこぼし、恥じ入り、自嘲し、「ひゅーどろと致します」ととぼけ、候を省いて、それでどうですか、「さよーなら」と、まるで死を楽しんでいるような態度も見せておられます。ここには、自己のすべてを見せ、そのすべてを如来に託している姿が読み取れるのではないでしょうか。すべてを託しているから、すべてを見せることができるのです。良寛が「うらを見せおもてを見せて　ちるもみぢ」とうたった心境とどこか共通するものがあります。

その時その時に、正直になれるのでしょう。娑婆に住みつつ浄土に住まわされ、常に阿弥陀さまに正直に向き合っておられたからこそ、生まれてくる態度であったと思えます。

この前々日の、五月三十日には、絶筆「我が信念」を書かれていますが、その中に次のような注目すべき文があります。

私の信ずる如来は、来世を待たず、現世に於いて、既に大なる幸福を私に与へたまふ。（中略）此は私が毎日毎夜に実験しつゝある所の幸福である。（『全集』第六巻、二三一頁）

この「大なる幸福」とは、もちろん救われている幸福のことであり、浄土を体験させていただいておられる幸福であると私は思うのです。今の一瞬一瞬に、体験し実感する幸福なのです。煩悩にみちた救われがたい自分が、すでに阿弥陀さまのほうから救われていることの自覚であり、救われていることを喜ぶ世界を体験できる幸福なのです。

では来世での浄土はどうかと問えば、まだ実験しないことであるから、述べることはできないとおっしゃるのです。その真意は、じつは「実験しない」からわからないのではなく、実験する必要もないということです。すべてを阿弥陀さまに託しておられるからです。肉体が朽ち、煩悩から解放され、阿弥陀さまに導かれて往く浄土はもはや語る必要のない世界なのです。浄土を体験された先生には、よくわかっていたことなのです。

こうして先生は、阿弥陀さまとともに病を生きられたのです。

朝な朝な仏と共に起き夕な夕な仏と共に伏す。（『全集』第七巻、四三〇頁）

さて以上、親鸞聖人、蓮如上人、清沢先生の病に対する宗教的な対応を学んできましたが、これで肉体的に強靭な方も、あるいは虚弱な方も、ご自分に相応する病み方についてのヒントを得られたことと思います。

しかし近年、我々は非常にめんどうな病に遭遇せざるをえなくなってきました。従来は、老い、そして病、そして死へと進んでいくのが普通のあり方でしたが、最近これに認知症が絡んでくるようになり、高齢者の不安が一層高まることになってきました。認知症そのものについては、まだあまり解明されていないため、明確な対応策が見つかっていませんが、一応の心の準備はしておかねばならないでしょう。そこで最後に、この点について少し触れておきたいと思います。

五　認知症になっても

自分が自分でなくなる恐怖

先日、新聞に九十二歳の認知症の母と同居する、五十六歳の娘さんの投稿が掲載されていました。この母は、その娘さんに暴言をあびせるというのです。この暴言は、五分前のことは覚えていない母の記憶には残らないが、その娘さんの記憶には「蓄積される一方」だというのです。暴言をはく母はすぐ忘れてしまうのに、娘さんには深い心の傷となって蓄積されていくというのです。

数々の暴言の中でも、たとえば「毎日毎日、鳥のエサみたいなもんやなくて、肉が食べたいわ」というような暴言は、特にこたえるそうです。栄養が偏らないように食事を作り、昼食はわざわざ仕事からいったん帰って一緒にするようにしているのに、このような言葉が返ってくる。つい娘さんは、「介護の日々が早く終わればいいのに」と思ってしまうが、これは母の死を願うことであり、「自己嫌悪に陥る」というのです。母のために尽くしながら、同時に母の死を願う自分に自己嫌悪を感じ、苦しんでおられるというのです。

しかし、この娘さんの心を救っている同級生がいます。それは、同じように認知症の母を介護した同級生の女性だそうです。その人の、「毎日シャワーを浴びながら泣いた。なんでひどいことをいわれなきゃならないのって」などという言葉が、その娘さんを救っているというのです。じつはこの同級生は、寺の跡継ぎで僧籍までもつ女性。仏門にいる彼女であっても、こうして泣くほどにつらかったことを思えば、母の死を願ってしまう自分でも許されると考えられることが、苦しみを和らげているといわれるのです。

ところで「認知症」とは、かつては「痴呆症」などと呼ばれていましたが、二〇〇四年の厚生労働省の用語検討会により、認知症への言い換えを求める報告がまとめられ、まず行政分野と高齢者の介護の分野で痴呆症の語が廃止され、認知症に置き換えられました。

認知症とは、正常に発達した知能が低下し、後天的な脳の障害によってもとに戻れなくなってしまう状態を指します。先天的な脳の障害によって運動の障害や知的発達面での障害があらわれる場合を知的障害、同じく先天的に認知の障害がある場合を認知障害といい、認知症とは区別されています。

この認知症は、七十歳以上人口において、二番目に多数を占める障害疾患とされ、全世界で三五六〇万人がこれを抱えて生活しているといわれます。患者の数は、毎年七七〇万人ずつ増加しており、世界保健機関（WHO）によると、二〇三〇年には二〇一二年の時点の二倍、二〇五〇年には三倍以上になると推測されています（以上、『ウィキペディア』参照）。

こうして高齢者の問題は、いよいよ深刻になってきました。かりに身体的に元気に老いたとしても、認知症にかかる可能性が高まっているということです。社会学者の上野千鶴子氏は、次のように指摘されています。

「老い衰える」ことの恐怖のひとつは、認知症になることです。高齢者のすべてが要介護ではありません。要介護の高齢者は高齢者人口の約1・6割、そのうちのまたおよそ6割が認知症といわれます。認知症の人たちの「周辺症状」と言われるものについて、たくさんのことがわかってきました。忘れっぽくなったり、怒りっぽくなったりするだけでなく、徘徊《はいかい》して行方不明になる、自動車で逆走する、料理ができなくなる、火の始末に失敗して火事を出す、物盗られ妄想が起きて周囲の人たちとの関係を壊す……、認知症の恐怖は、「自分が自分でなくなる」恐怖、判断能力を失う恐怖です。

（『上野千鶴子が聞く　小笠原先生、ひとりで家で死ねますか？』九九頁、朝日新聞出版、二〇一四年）

今、このような認知症に対する深刻な不安と恐怖が、ひたひたと高齢者を襲うようになりました。しかも認知症になった場合、自分が自分でなくなり、そのうえこの状態がいつまで続くのかが予測できない、死が近づいてもそのころはそれに対応する自分の意識が尽きているかも知れない、子どもや孫たちとのお別れもできない、治療代を払おうにも払う本人に意識がないとすればどうやって払うのか、いつまでも死ねないとなれば治療費がいったいどれほどになるのか、誰が払うのか、多くの人に迷惑をかけてしまうかも知れない、もし誰かに世話になってもお礼の一言もいえないだろう。考えれば考えるほど、不安になり、その不安はやがて恐怖になっていくでしょう。このような認知症にならないための対策、あるいはなってしまった場合の対応について、最近さまざまな分野で努力が試みられるようになってきました。

認知症にならないための準備

たとえば、まず認知症にならないための準備として、川崎幸《さいわい》クリニック院長の杉山孝博氏は、

認知症の最大要因は加齢であるので、予防することは難しいが、発症を遅らせたり、軽くすることはある程度できる。

（「認知症にならないための10カ条」、『大法輪』二月号、六六頁、二〇一五年）

として、次のような十か条を提唱されています。ここでは筆者が要約した内容のみを、掲載させていただきます。

第一条として、脳血管を大切にすることです。脳の血流が不足すると脳の働きが低下するため、高血圧症、糖尿病、脂質異常症、肥満などに気をつけなければなりません。

第二条として、バランスの良い食事を摂り、特に緑黄野菜やビタミンC、魚などを食べることが勧められます。

第三条として、よく歩き、動脈硬化の予防、筋力低下による転倒の防止や、循環器系の機能低下の予防が勧められます。

第四条として、飲酒・喫煙はストレスの解消や人間関係の円滑な交流に役立つこともあるので、一方的に禁止すべきものではないが、過度になれば害になるとされます。

第五条として、学習活動や趣味に積極的に取り組むことは、脳を刺激し、機能低下を防ぐため、推奨されます。

第六条として、地域のボランティア活動などに参加し、生きがいをもち、生活に張りをもたせることが勧められています。

第七条として、普段から家族・隣人・社会との人間関係を円滑にしておきます。そうすれば認知症を発症し、障害をもつようになっても病気についてよく理解してもらえ、さまざまな面で支えてもらえるからです。

第八条として、散歩やスポーツを生活に採り入れたり、定期的に健康診断をうけ、自分で自分の健康管理に心がけるようにします。

第九条として、日頃から病気や障害の予防、治療に努めます。

最後の第十条として、寝たきりや閉じこもりは認知症の発症要因となり、悪化要因となりがちですので、転倒・骨折によって寝たきりになるのを防ぐため、室内環境を整えたり、早めに杖などを用意しておきます。

この十項目が推奨されていますが、高齢者になれば全員が認知症になるというわけでもないので、認知症にならないことにこだわり過ぎてもよくないともおっしゃっています。

では次に、認知症になった場合の対応策について学ばせていただきましょう。

初期段階の対応

認知症になると、自分が病気にかかっていることがわからなくなりますから、自分が間違いを犯したことを認めようとしないのが普通です。ですから、認知症になってしまった場合の対応策がどれほど有効かは不明ですが、ごく初期の段階では自分の状態がわかる場合もありますので、初期のあいだに早く対応する必要があるということです。杉山氏は「認知症になってしまったときの10カ条」として指摘されます。ここでも筆者が要約した内容のみ掲載させていただきます。

第一条として、置き忘れ、しまい忘れなどの症状に気づいたら専門外来で受診すること。

第二条として、自分の歳を聞かれたとき、すぐに出てこなかったりした場合、注意をすること。

第三条として、治療薬がある認知症がありますし、また治る認知症もありますので、手遅れにならないうちに相談すること。

第四条として、最も患者数の多いアルツハイマー型認知症に対して、四種類の治療薬が保険診療できるようになり、進行を遅らせることができるようになりました。また認知症のリハビリも行われています。「治療できない認知症」というイメージを捨て、積極的に治療を受けること。

第五条として、絵画や音楽などに取り組みはじめると、認知症の症状が軽くなることがあったり、夫や妻の介護中には認知症の症状が目立たなかったのに、相手が亡くなったり入院したりして、これをやめた途端はげしい症状が出たりすることがあるそうです。ですから、何かに打ち込める姿勢が要求されるということ。

第六条として、認知症であることに気づいても絶望せず、人生をあきらめず、できることをし、生活を工夫して希望をもつこと。

第七条として、同じ悩みをもつ認知症患者との交流を目指す会がありますので、これに参加し前向きに生きようとすること。

第八条として、現在では認知症専門のデイサービスや、小規模多機能型居宅介護、認知症グループホームなど、さまざまなサービスが利用できるようになっていますので、思いきってこれらを利用すること。

第九条として、認知症患者の介護には、介護サービスの利用負担、家族の経済的負担が重くのしかかることになりますので、自治体発行の「福祉サービスの手引き」などを参考に、負担軽減のため障害年金や各種の補助制度を活用すること。

最後に第十条として、杉山氏は、現状を認めることが必要であるとし、次のように述べられます。大切なことだと思います。

認知症の自然経過としては、発症期→精神症状多出期《たしゅつ》→身体症状合併期《がっぺい》→終末期→死、という経過をたどる。つまり、認知症は確実に進行する疾患である。本人がどのように努力しても、家族が一生懸命に介護しても、精神的・身体的に変化していくものである。過去にこだわらないで現状を認めることは、必要なことである。変化を受け入れて、本人・家族ともが安定的な気持ちになることができる。

（以上、杉山氏の提言については『大法輪』二月号、六六〜七三頁、二〇一五年参照）

以上、主として医学的な立場からの認知症対策について学んできました。そこで次に、親鸞聖人の信仰の場に立った場合、どのような対処の方法があるかについて考えてみたいと思いますが、それに先立ち次のような新聞投稿文を参考にしたいと思います。

ある主婦の投稿

それは平成二十五年に投稿された六十六歳の主婦の文です。この文を読み、私はとても感動しました。全文を引用させていただきます。

96歳の母と同居するようになって7カ月が過ぎた。それまでも週2、3回は母に会いに行ってはいたが、いざ一緒に暮らしてみると私の知らない姿があった。

わが家をよその家と思っている母は、毎朝「今日一日お世話になります」、夕方には「今日はお世話になりました」と、夫にあいさつを欠かさない。夫も立ち上がって礼を受けている。あいさつしたことを忘れる母は、日によっては何度も繰り返す。その都度、夫は何事もなかったかのように同じように礼を返す。母は恥ずかしそうに、満足そうにほほえんでいる。そんな母の姿を見ると、夫には申し訳ないが、ありがたいことだと思っている。

思えば、信心深い母の一日は合掌に始まり、合掌に終わる。朝夕の読経は長年の習慣だが、朝日や夕日に向かって、果てはトイレやお風呂にまで手を合わせる。寝る前には衣類をきちんと畳み、そして私にまで合掌をしてくれるのだ。

言葉数もめっきり少なくなった母が、身をもって私にこれからの生き方を暗に諭しているように思えてならない。まさに介護冥利《みょうり》である。

私こそ、元気でいてくれる母に合掌。

私はこの文を拝読したとき、全身で感動をおぼえました。たとえ認知症になっても、これほどまでに人を感動させる場合がある。認知症になったがゆえに、全身で人に教えうる身になれるのだ。さらには、この病にかかった人に、このように生きさせる信仰の底深いはたらきがあるということを感じさせていただいたからです。

もし私が、この主婦の夫の立場にいるとしたら、厄介な認知症患者を受け入れなければならないということで、面倒なことになったと思うかも知れません。しかしこのご主人は、日に何度もこの母に向かい立ち上がって礼を返される。ご主人も立派な方ですが、あえて立ち上がって礼を返されるような態度を引き出す母の人柄、その人柄を形成する信仰の力、仏さまのはたらきに私は心を動かされるのです。

「恥ずかしそうに、満足そうにほほえんでいる」母には、脳の働きのムラ、つまり正常な部分では何度もあいさつをしてしまう恥じらいを感じ、衰えている部分ではこれに満足してしまう特徴があらわれていると思えますが、それにしても認知症によくあらわれる愚痴・怒り・暴言といったものとはまったく無縁な世界におられるところが、すばらしいと思えます。まるで「仏さまのような」という形容が、あてはまるのではないでしょうか。

またこの母の姿を見て、「ありがたい」と娘に思わせる母の姿は尊いし、認知症にかかったことが逆にこの母を幸せにしているようにさえ思えます。長年信心と合掌に生きてこられた母の生きざまが、今見事に結実し、成就されているとさえ感じられます。

トイレやお風呂にまで手を合わせる行為は、普通の次元からすると異常に見えるかもしれません。認知症の症状だと見ることもできるでしょう。しかし普通の次元ではそう見えても、じつはもっと深いところにこの母の心はあるのだと私は思います。

トイレやお風呂は、考えてみれば毎日お世話になっている大切なところです。そこに手が合わさるということは、ある意味で心が完成されているということではないでしょうか。普通は、排便し垢を落とすところですが、それをさせていただくところに手が合わさるということは、この母の心が世界、さらには宇宙の深いところに届いているということだと思えるのです。普段は気づかないもの、見ないもの、見えないものに心が届いているのです。

私は以前、ドイツの宗教詩人アンゲルス・シレジウスの詩集を翻訳したことがあります。その中に次のような詩がありました。

あなたに見えないものを見よ、音のない聞こえないものを聞け。そうすればあなたは神が語りかける場にいるのである。

（植田重雄・加藤智見訳『シレジウス瞑想詩集』上、六四頁、岩波文庫、一九九二年）

シレジウスは、キリスト教徒ですから、この母と同一の次元で語ることはできないかも知れません。しかし、シレジウスもこの母も、宗教の深いところに触れていると思えてならないのです。

たんなる健常者には見えない仏さまの姿を見、普段は聞こえない仏さまの声を聞いておられるのではないでしょうか。母の心は、仏さまの心に届き、その心と一つになっておられるのではないでしょうか。親鸞聖人は、次のように述べておられます。

浄土の真実信心の人は、この身こそあさましき不浄造悪《ふじょうぞうあく》の身なれども、心はすでに如来とひとしければ、如来と申すこともあるべしとしらせ給え。

（『御消息集（善性本）』聖典五九一頁）

この文は、門弟の性信に宛てられた書簡の一部ですが、その意味は、真実の信心をいただいた人は、その身こそ穢れや邪なところがあっても、心はすでに仏さまと等しいから、仏さまということもあるとご承知おきくださいというものです。

この母が、真実の信心を得ておられたかどうかは別として、仏さまの側からすれば、必ずや救い上げようとされる方であると私は思います。認知症におかされ、どんなに肉体が蝕まれていようと、心はすでに仏さまと一つになっておられると、私は考えたいのです。そのような心でおられるからこそ、娘さんにまで合掌されるのではないでしょうか。仏さまと一つ心になっておられる母親は、衣類の整理も衣類に感謝しながら、娘に任すことなく、おのずから手が動くのではないでしょうか。拡大解釈かも知れませんが、私にはそう思えてならないのです。

仏さまと一つ心になっておられる母親の言葉数は、少なくなって当然でしょう。医学的なレベルからいえば、それは肉体的な衰えであるかも知れません。しかし、仏さまとともにこの世での終焉に向かう人の姿、人生の完成に向かう姿としてとらえられるべきだと考えられます。ですから、言葉数が少なくなったかわりに、生きておられる姿そのものが生きることの諭しとして娘さんに届くのです。ここに辛い介護を、そのまま介護冥利と受け取らせる力があるのです。こうして、仏さまの無言の慈悲が、この母親にも娘さんにも届いているのだと考えられます。

たとえ認知症にかかったとしても、このような生き方ができるということを学ばせていただきました。それと同時に、高齢に至るまで長生きさせていただければ認知症になる場合もありうることを想定し、日ごろから真実の信心に生きようとする心構えが大切であるということを、この文を通して改めて気づかせていただきました。

しかし、それでもこの母親のようには、理想的な姿になれないかも知れない、いやなれないだろうという気持ちが残るでしょう。もしそうだとすれば、皆さんにご迷惑をおかけするのにそのお礼ができない。申し訳ないという気持ちが残るでしょう。

その気持ちをどうすればよいか、このことについて、最後に親鸞聖人にお聴きしてみたいと思います。

仏さまになって、お礼に参ります

『歎異抄』第五条に、重要なヒントがあると思います。この第五条はすでに触れた文でもありますが、いきなり衝撃的な言葉ではじまりました。

親鸞は父母《ぶも》の孝養《きょうよう》のためとて、一返《いっぺん》にても念仏もうしたること、いまだそうらわず。そのゆえは、一切《いっさい》の有情《うじょう》は、みなもって世々生々《せせしょうじょう》の父母兄弟なり。いずれもいずれも、この順次生《じゅんししょう》に仏になりて、たすけそうろうべきなり。

（聖典六二八頁）

父母に対する親孝行のために念仏もうしたことなど、一度もないとおっしゃるのです。これはどういうことなのでしょうか。まずこの文章を現代語に訳してみましょう。「私親鸞は、亡き父母に孝行するために追善供養の念仏をもうしたことなど、一度だってありません。なぜなら、いのちあるものはすべて、はるか昔から何度も生まれ変わったり死に変わったりするあいだに、私の父母であったり兄弟であったはずのものだからです。ですからこの次に生まれるときには、仏となって、いのちあるものすべてを助けなければならないのです」。

ここには、親鸞聖人の仏教的な独自の世界観があるのです。親には孝行しなければならないという、この世の価値観に立ってはおられないのです。まずいのちの見方が、根本的に異なるのです。過去・現在・未来にわたっていのちをいただいているという、いのちの見方に立っておられるのです。人間だけのいのち、この世のいのちだけを考えておられるのではありません。いわば永遠の相のもとに、あらゆるいのちを考えておられるのです。

ですから、この今のいのちの終焉に当たって、迷惑をかけるとかお礼がいえないということにこだわることは、必ずしも良いこととはいえないのです。自分がわからなくなってしまった認知症患者としてお礼がいえなければ、それは仕方のないこと、不如意なことであり、それでよいのです。これを悩むことは、かえって自力の行為となり、むしろ他力の教えに反することになってしまいます。ですから、浄土に生まれさせていただき、仏にしていただいたのち、いのちあるものすべてを助けさせていただけると思い、それに喜びを感じれば、それでよいと私は考えます。

認知症になりかかったかなと思ったとき、もし認知症が重くなったらご迷惑をおかけするでしょうし、お礼もできなくなるでしょうけれども、お浄土で仏さまにしていただいたら、必ず皆さまを救いに参りますと手を合わせ、お念仏もうせばよいと私は思います。私も認知症になったら、そうしようと考えています。

私の住む地域にも、多くの施設ができました。そこで働く方々も多くなりました。このような方々にお聞きしますと、認知症患者の中には、介護されるとそっと手を合わせ、にっこりと微笑み「ありがとう、ありがとう」とおっしゃる方がいらっしゃるそうです。ときには、お念仏までとなえてくださる方もいらっしゃるそうですが、そんなとき介護する方も思わず心が和み、うれしくなり、この方のためなら何でもしてあげたいという気持ちになられるそうです。ということは、認知症患者が健常者を癒し、場合によっては患者が、介護者や家族の方々を救っているともいえるのではないでしょうか。こうなれたとき、家族は安心して患者を見守ることができるようになると思えます。ストレスがたまるどころか、患者を看ながら心洗われていくのを感じられることでしょう。

施設にいながらお浄土に住み、認知症でありながら人を救っている姿がそこにあるとも考えられます。少し拡大解釈かもしれませんし、美化し過ぎかもしれません。しかしここには、深い信仰のはたらきが感じられます。

日ごろから、阿弥陀さまと生き、阿弥陀さまとともに病むならば、きっとこのような姿にしていただけると確信して生きることこそが、今、高齢化社会においてとても大切であると私は考えています。

あとがき

高齢化社会の今、「終活」などという言葉もすっかり定着し、「終活セミナー」が盛んに開催されています。

セミナーでは、遺言書やエンディングノートの書き方、医療費の支払いや介護の依頼の方法、死に際しての葬儀の内容、納骨の仕方、さらには遺産の分配法などが詳しく説明され、相談もできるようになっています。

また最近では「エンディング産業事業者向けセミナー」なども開かれ、業者の育成にも努力が払われています。

しかしこのような努力を見るにつけ、私には、何か一番肝心なものが欠けているような気がしてなりません。人生の終焉を迎えるのであれば、それまでの人生をどう生きるのか、死とは何か、死後どうなるのかという根本的な問いかけが、まずなされるべきではないでしょうか。それによって、はじめて高齢者本人の主体的な生き方が見つかり、それを積極的に実践することから、真の意味での終活が始まるのではないでしょうか。

私は五年ほど前から、自坊で「学道塾」と呼ぶ勉強会を開いていますが、最近二年間「高齢者の新しい生き方を親鸞聖人にたずねる」というテーマのもと、出席されている高齢者、さらには高齢者を介護しながら参加されている方々の悩みや疑問を親鸞聖人に投げかけ、ひたすらその答えを聴く試みをしてまいりました。その結果生まれたのが本書です。

平均寿命が極端に短かった鎌倉時代、聖人は九十年の生涯を深い信仰をもって生きぬかれました。その信仰は私たち高齢者に対して新しい生き方を示し、死の意味を明らかにし、さらには死後への希望を語ってくださっています。今こそこれを聴き、発想を転換することによって、老いを喜び、病を新たな心で受け入れ、必ず往くことのできる浄土に思いを馳せ、その浄土で新たないのちをいただこうではありませんか。またこのような生き方は、もし将来認知症になるようなことがあっても、何か尊いものを与えてくれるはずです。

最後になりましたが、本書の出版のためにご配慮くださった法藏館社長の西村明高氏と編集長の戸城三千代氏、そして貴重なアドバイスをたまわり校正等でもご苦労をおかけした編集顧問の和田真雄氏、編集部の秋月俊也氏に、深く感謝申し上げます。

平成二十八年夏

加藤智見

【著者略歴】

加藤　智見（かとう　ちけん）

1943年愛知県に生まれる。
1966年早稲田大学第一文学部卒業。
1973年早稲田大学大学院文学研究科博士課程修了。
早稲田大学、東京大学、同朋大学講師を経て東京工芸大学教授。
現在同大学名誉教授、愛知県一宮市の真宗大谷派光専寺住職、学道塾主宰。

著書

『親鸞の浄土を生きる―死を恐れないために』（2010、大法輪閣）、『図説 あらすじでわかる！親鸞の教え』（2010）、『図説 あらすじでわかる！歎異抄』（2011）、『図説 浄土真宗の教えがわかる！親鸞と教行信証』（2012、以上青春出版社）、『本当の宗教とは何か―宗教を正しく信じる方法』（2013、大法輪閣）、『世界の宗教から見た親鸞の信仰―親鸞の独自性とは何か』（2015、法藏館）など。

訳書

アンゲルス・シレジウス著『シレジウス瞑想詩集（上）（下）』（1992、共訳、岩波文庫）など。

親鸞聖人に学ぶ 新しい老い方
二〇一六年一〇月二〇日　初版第一刷発行

著　者　加藤智見
発行者　西村明高
発行所　株式会社　法藏館
京都市下京区正面通烏丸東入
郵便番号　六〇〇-八一五三
電話　〇七五-三四三-〇〇三〇（編集）
〇七五-三四三-五六五六（営業）

装幀者　大杉泰正
印刷・製本　中村印刷株式会社

ISBN 978-4-8318-8759-7 C0015